把时间花在你想要的生活上

TIME MASTERY

个性化时间管理必修课

[英]约翰·麦克拉克伦　[英]凯伦·米格◎著

马蓉◎译

By John Mclachlan　Karen Meager

SPM 南方出版传媒
广东经济出版社
·广州·

图书在版编目（CIP）数据

把时间花在你想要的生活上：个性化时间管理必修课／（英）约翰·麦克拉克伦，（英）凯伦·米格著；马蓉译. —广州：广东经济出版社，2019.9
ISBN 978－7－5454－6669－0

Ⅰ.①把… Ⅱ.①约… ②凯… ③马… Ⅲ.①时间－管理－通俗读物 Ⅳ.①C935－49

中国版本图书馆 CIP 数据核字（2019）第034244号

版权登记号：19－2019－032

出 版 人：李 鹏
责任编辑：张晶晶
责任技编：陆俊帆
封面设计：林 希

Original title：Time Mastery：Banish Time Management Forever
Copyright © 2016 John McLachlan & Karen Meager
First published in 2017 by Panoma Press Ltd

The simplified Chinese translation rights arranged through Rightol Media（本书中文简体版权经由锐拓传媒取得 Email：copyright@rightol.com）

《把时间花在你想要的生活上：个性化时间管理必修课》
Ba Shijian Hua Zai Ni Xiangyao De Shenghuo Shang：Gexinghua Shijianguanli Bixiuke
［英］约翰·麦克拉克伦，［英］凯伦·米格著；马蓉译

出版发行	广东经济出版社（广州市环市东路水荫路11号11～12楼）
经销	全国新华书店
印刷	广东信源彩色印务有限公司 （广州市番禺区南村镇南村村东兴工业园）
开本	889毫米×1194毫米 1/32
印张	6
字数	100 000字
版次	2019年9月第1版
印次	2019年9月第1次
书号	ISBN 978－7－5454－6669－0
定价	39.80元

广东经济出版社官方网站：http://www.gebook.com 微博：http://e.weibo.com/gebook
图书营销中心地址：广州市环市东路水荫路11号11楼
电话：（020）87393830 邮政编码：510075
如发现印装质量问题，影响阅读，请与承印厂联系调换。
广东经济出版社常年法律顾问：胡志海律师

“读过凯伦和约翰所写的这本书之后，我们的合作伙伴就拿出了直接可以使用的生产协议。作为一个高级团队，这使我们的工作既富有成效又观点一致，同时也让每个人都保留了个人的工作风格和工作方式。这对于像我们这样的正在发展中的企业来说，至关重要。”

伦敦，JTP建筑事务所合伙人

珍妮特 · 刘易斯

“通过学习约翰和凯伦书中关于时间管理的方法，领导者不但可以掌控自己的时间，同时也因为他们善于规划人生，从而成了他人眼中成功的榜样。本着为客户提供‘有原则获利’服务的企业精神，提高了伊甸园里每个人的生产力，提升了每个人的生产成果。”

伊甸园投资管理有限公司负责人

苏 · 朗德

“这本书可以帮助你从潜意识里掌握管理自己时间的方法，从而留出更多的时间规划好你自己的人生。”

NLP高级培训师，Becoming Happy的作者，The Model Presenter的合著者

梅洛迪·切尔

“每次管理课程都参加，而且在您花费的时间内仍然无法获得您所寻求的帮助。凯伦和约翰在这本书中所做的就是解开那些永远会损害你最大努力的东西。这本书从概念上和实践上向您展示了如何理解资源、个人节奏，以及您与他人交流的方式，您可以享受充满活力和生产力的生活。您会想要有一个笔记本，以思索这本看似简单的书中的内容。做一下凯伦和约翰所设计的结构性时间思维，你会从这本书中得到更多的东西，而不是一辈子的生产力课程。”

防水营销有限公司所有人，作家

布若尼·托马斯

前言

时间大师都擅长于主宰自己的时间。不停地忙碌并不意味着成功，相反，这反映出工作效率低下。很高的产出并不代表你获得成功和充实。

如果忙碌的生活使你感到充实，并让你对此心满意足，那就再好不过了。如果忙碌的生活使你沮丧，你感觉到自己并没有做完所有想做的事情，抑或感觉到时间好像并不属于自己，那就是你没有管理好自己的时间。

这本书帮助你清楚认识到究竟什么占用了你的时间，你能从中学会怎样做出选择，而不会感到内疚，并与他人沟通，以赢得他们的支持。

生活变得越来越忙碌，但相比我们的父辈和祖辈，我们有了很多省时、省力的方法。但为什么相比过去，我们会感觉到时间不够用，还要去面对更多的竞争呢？

一直以来，人们没有意识到时间其实是一种资源，我们应当合理地安排、使用时间。生活的各个方面充满了竞争，然而人们在这种情况下持有的态度通常是要对时间加以管理、控制和平衡。这种观念需要改变。

时间对每个人来说都是宝贵的资源，你可以决定怎样使用它来获得你想要的生活。那么，努力成为一名时间管理大师，利用你的时间资源来处理好那些与你有关的事。

目录

I 个性化时间管理，请从放弃时间管理开始！

II 个性化时间管理的四项要素

III 与时间的一种新型关系

I

个性化时间管理，请从放弃时间管理开始！

第一章 关于时间

“我们拥有世上所有的时间。”

——哈尔·戴维

……………………

你渴望工作之余得以放松，多关注自己未来的职业生涯，悠闲地看着孩子踢足球，或者开始追求梦寐以求的事业，但你是否发现自己并没有足够的时间将这些变为现实呢？

尽管你能全身心地投入工作，也能尽情享受没有工作的时光，但你是否发现自己总是在不断地协调这两种情况，或者在一种情形下，总觉得应该投入更多的时间在另一件事上呢？

人们必须要面对这些挑战，对他们来说，总是有许多重要的事情，他们要么选择尽力权衡这些相互对立的事情，要么在这些重要的事情之间犹豫不决，无法抉择。

人们把时间花在他们认为重要的事情上，相比较组织能力，这种决定更多的是与他们的思维模式和行为习惯有关。

“时间管理”这一话题充满了神秘色彩。你无法管理时间本身，你只能管理时间的使用分配。我们每个人都是独立的存在，且独一无二，也正因为此，我们对于时间的使用各不相同。

时间管理工具可以帮助你有意识地处理需要优先考虑的事项，这些事情需要你付出努力。而个性化时间管理使你在无意识中高效地安排工作，你无须思考怎样分配时间或决定工作的先后顺序，因为这是你的第二天性使然。

我们的客户抱怨，他们面临的麻烦是需要花费时间和精力来使用时间管理工具，因为它不一定符合客户的想法。个性化时间管理能够帮助你设计出属于自己的方法。同时也可以帮助你了解别人对时间的安排，这样就方便了你与他们一起工作，并且设定明确的界限。

个性化时间管理需要你对自己的生活非常了解，明确哪些事情对你来说很重要，杜绝浪费时间的活动，并调整日常生活节奏。

有时你会打破一些好的计划安排，这些都是由你的思维习惯、信仰、价值观和习惯性行为导致的。个性化时间管理能帮助你了解这一点，改变你的习惯和思维模式，并设计出一种独一无二的、效果良好的方法，帮助你更好地安排时间。

个性化时间管理，不仅仅是时间管理

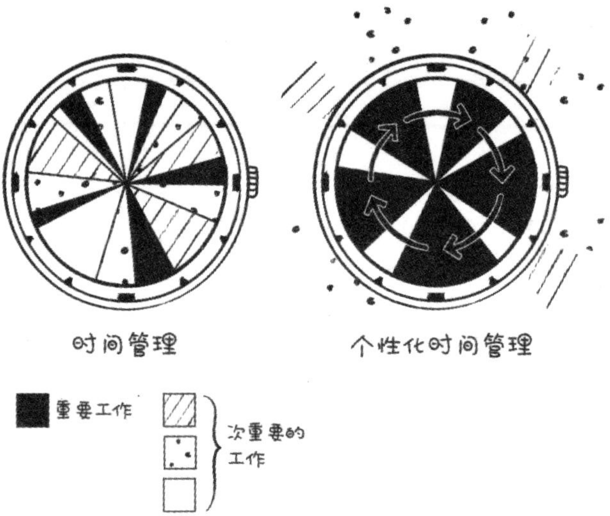

人们通过规划时间来安排行程，与他人互动，计划安排自己的生活。许多工作仍然是从早忙到晚，周而复始，但我们大多数人并不接受这样的情况。随着我们思想的转变，需要更详细地规划时间，虽然有用，却也造成了一些不必要的麻烦。这实用的组织工具发挥了其自身价值，并且展示出其本不应该有的重要程度。

时间管理表明，可以通过某种方式管理和控制时间。但它并不是一个具体的事物，而是一个抽象的概念，我们对此都有不同的理解和看法。也就是说，通过时间管理来控制时间，或许结果既无益又适得其反。

这就好比大风或者大海，我们当然可以利用它们和它们产生的能量，然而想要掌控它们却并不是件容易的事。

关注你的生命资源

我们每个人都有三个关键的生命资源，那就是：时间，健康和金钱。

人们能否享有成功且满意的生活，很大程度上取决于他们使用生命资源及融合资源的方式。可问题是，人们很容易忽略某一资源，或者仅仅利用其中一种，而放弃其他的资源。最常见的现象就是人们只关注金钱，而牺牲了时间和健康。

人们会把时间花在他们所认为重要的事情上

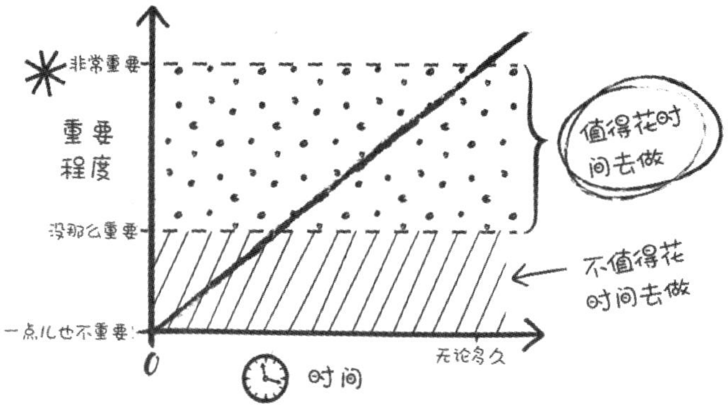

事实上，你所做的你认为很重要的事情，许多时候不会给你带来快乐、成功或者富有。你认为重要的事也许并不重要。

如果你认为努力工作很重要，那么你就不会把时间花在诸如像看书这样的事情上，而是优先考虑工作。如果你认为每天晚上给孩子做好晚餐很重要，那么你就会付出更多的精力在这件事上，而非其他。

你也许并不明确你所做的事情对你的重要性；你

做事不拖泥带水，是因为你认为拖延症本身是件不好的事，也可能是因为对你来说把一件事做好、不犯错才是重要的。拖延症只是你心中所想的行为表现。

怎样过好充实的生活是你自己决定的，而非他人。个性化时间管理并不是让你成为黑带段位的忍者，高效运转工作，而是让你通过正确的方式完成正确的事情。

第二章 关注你的生命资源

"我很想做一个有很多钱的穷人。"

——巴勃罗·毕加索

……………………

我们每个人都有时间、健康和金钱这三个关键的生命资源。它们像是我们生活的食物原料，用它们做出你最喜欢的食谱。

你可能会问难道我们仅仅只有这三种生命资源吗？那人际关系、技能和智力又算什么呢？这么来说，你做出一个口感极佳的蛋糕的前提是，你用正确的顺序将所加入的原材料整合在一起，并且正确地运用你所掌握的技能，这两者缺一不可。如果你忘记放入其中一个关键的原料，无论你如何装饰它，这个蛋糕也注定是失败的。

人际关系本身并不是一种生命资源，你并没有享有他人资源的权利。人际关系有利于个性化时间管理的进行，因为你们可以共享资源，从而获得更大的利益。你需要培养这些人际关系，这需要花费时间和精力。从某种程度上讲，精力是健康的一部分。因此在一个企业中，将员工身体健康作为衡量员工的标准，员工和员工的健康就是这个企业的生命资源。

整合资源可以提升人的智力和技能。在时间上投入健康、精力、努力和心智，你会获得新的东西，或许是财富。习得贯穿整个生命资源发掘的全程，发掘出如何才能获得所有的技能和知识。

因此时间、健康、金钱这三种生命资源十分重要，它们决定了我们能否拥有成功的生活。因此，它们绝不仅仅是生命资源这么简单。

你或许会以牺牲一种资源作为代价而过分关注另一种资源，例如为了获得更多的财富而忽视了健康的重要性。你借用一种资源来弥补另一种资源，例如通过购买服务来节省时间。但当金钱完全耗尽之时，你就会面临严重的麻烦。

它们三者之间存在一种相互依存的关系，当你谈及时间时，你需要考虑到另外两种资源。它们三者的关系以及对它们的利用可以帮助你过上心满意足的生活。

从整体上来讲，时间是过去、现在和未来的持续进行和存在的过程，它是大众普遍接受的衡量标准。对于每个人来说，我们每天都拥有同样的24小时，每年都拥有同样的365天去实现那些我们想完成的事情。

时间这一资源是有限的，一旦过去了就不会再有。一天只有24小时，你不可能获得更多时间。

关注你所拥有的所有资源。这需要你学会考虑花费、保存和利用这些资源所带来的短期和长期影响。

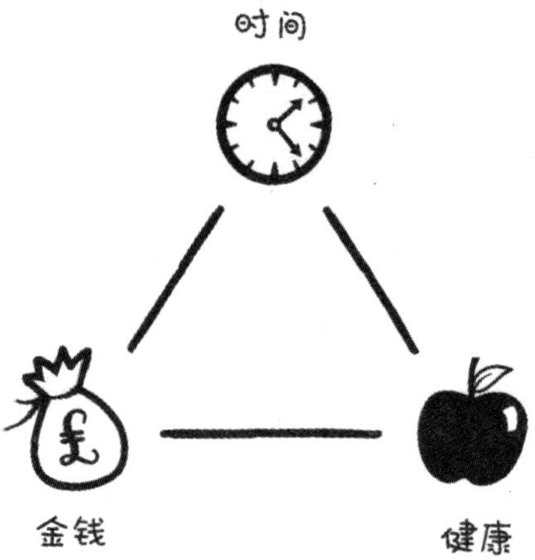

健康和时间

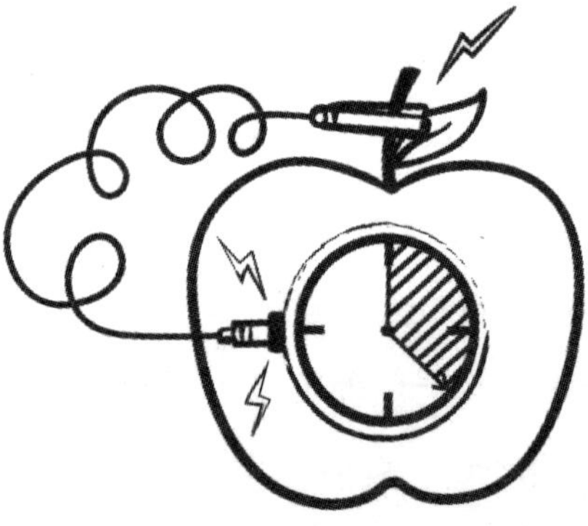

健康关乎身体、思想、精神和精力等，方方面面。如果没有达到良好的健康水平，那么就会限制你

完成工作和活出自我的可能性。如果你去世了，那么金钱和时间都与你无关了。健康并不是一种无限的资源。至今我们还没有找到可以永生的方法！不过我们可以通过努力改善自己的健康状况。

对于一个企业，常将员工身体健康作为衡量员工指标的标准之一。员工对于一个企业来说就是资源所在，那么他们的健康、精力和技能就显得尤为重要。

你如何看待自己的健康问题呢？你是否认为你需要悉心照顾自己的身体，抑或是只有在身体出现问题时才想起应该多关注自己的健康呢？你究竟花费多少时间来关注自己的健康呢？

健康包括身体健康、心理健康和情绪健康。最新研究显示，在我们的周边每三个人中就有一个人饱受心理健康问题的困扰。心理健康问题与身体健康问题是相关的。有心理健康问题的人也会有更多的身体不适，这绝非巧合。

我们都知道健康对于我们来说非常重要，尽管有很多知识和信息告诉我们这点，但似乎许多人仍然做出一些有损他们健康的行为。这是为什么呢？为什么那些看似聪明的人却浪费或损害自己的长期健康呢？

有很多明确的、合乎逻辑的和生物学的理由来解释人们的这些行为，其实这取决于他们对于时间的理解。

长期需求，短期行为

少数人想得很长远，甚至很少有人将未来与现在的生活联系在一起。人们往往担心未来，但在此时却停在原地不做任何事情。人们可能会为自己的未来忧心忡忡，但现在却并不做出任何努力，将其付诸行动。

大多数人要么满足于当下的生活，要么规避现时的痛苦。人们可能会展望未来，但大部分精力和行为都集中在处理短期问题上。企业可能做出自己的5年计划，但通常是短期的、保守的。

预期寿命

这个预期的重点在生物学上是有意义的。

1900年，男性的平均预期寿命为47岁，女性为50岁。但到2014年时，男性的预期寿命剧增到80岁，女性则增加到83岁。在100多年的时间里，男女预期寿命几乎翻了一番。许多科学家认为，第一批将活到150岁的人们已经出生了。人类已经在这个地球上生活了数万年，只有在过去的100年里，我们的预期寿命才有了显著的增长。

如果我们的想法不断改变以适应这种变化，那将会是一个好得不能更好的消息，但事实并非如此。

在过去的几千年里，我们大脑发育的关键因素并没有发生显著的变化，更不用说过去的一百年了。难道与我们长期思考有关的大脑习惯很难赶上现在的时代吗？

为什么罗马的男人冒着生命危险都想成为角斗士呢？当时男性的预期寿命只有29岁，所以对他们来说这不意味着是一个巨大的风险，如果他们幸存下来，那么回报是巨大的。如果你的预期寿命只有29岁，相比较于150岁的预期寿命而言，你对于生活的态度、对未来的计划和使用时间的方式就会截然不同。

金钱和时间

我们通过金钱交易来获取我们所需要的东西，金钱既不是固有资源，也不是无限资源。人们可以通过努力获得更多的金钱，但实际上金钱永远不可能是无穷无尽的，我们赚钱和存钱的能力不会持续太久。

每个人都需要依靠生活中的一些东西来维持生活，享受快乐，节省时间，保持身体健康。我们可以灵活地使用金钱，只要你愿意多投入时间，就可以获得你想要的商品和服务、经历，甚至是知识。难怪它如此受人欢迎！

金钱是造成压力或抑郁的五大最重要的因素之一，担心金钱不够可能会危害你的健康。金钱纠纷是导致人际关系亮红灯的首要因素，富有和贫穷的人们对金钱各持己见，并且金钱的多少影响了人们的生活机遇与地位。

短期行为带来长期利益

现如今，人们更倾向于给孩子买他们喜欢的一次性礼物，而不是用这些钱投资孩子上大学或者攒下来给他们买第一套房。假如18年里，每个月都节省25英镑，那么会积攒出5400英镑。有些人认为这些是小钱，没有必要每个月节省25英镑，另一些人则不认为自己能负担得起，但是有多少人习惯上班时买杯外卖咖啡？而那些每个月买咖啡的钱合在一起往往都超过了25英镑。

水滴石穿，生活中细微的变化都会带来巨大改变，这是因为我们当中许多人所拥有的资源并不能保持稳定状态。刚开始人们不停地刷信用卡，直到有一天，他们窝在家里哪里也不去了，因为沉重的账单使他们无法负担外出消费，由此可知资源的不稳定性，时而富裕，时而贫乏。他们像疯了一样地工作11个月，之后就可以去海外度假放松了，同样也是资源的不稳定性，时而忙碌，时而悠闲。只有慢慢地找寻这些资源所带的“节奏”，你才可以保护好它们，将它们花在真正重要的事情上。

谈及应该把钱花在什么地方，我们来做一个购物乐趣测试。如果每次你穿上羊绒套头衫时都感受到一股暖流，那么我们就可以认为你买了一件值得购买的东西。如果购买行为结束后喜悦也戛然而止，那么你就要来审视一下自己的消费习惯了，因为它们并没有持续带给你欢乐。

不缺金钱，而缺时间

如果对于你来说，缺少的是时间而非金钱，那么你就要考虑一下怎样用金钱来为你换取多一点时间。

你可以聘请高技术人才来替你完成那些你不喜欢的工作，好比打扫房屋、熨烫衣物、管理日志、烹饪饭菜、修剪草木或者管理财务。

要做到这一点，并真正珍惜你换来的时间时，你需要放弃对一些事情的掌控，并放权让你选择的人去做这些事情。如果你是那种所谓的有着“高标准、严要求”的人，我想这对你来说是个挑战。但你要知道，对你来说更重要的是：你能有更多时间去完成其他的事情或者实现其他的完美想法。尽管通常人们都希望两者兼得，但这实际上既浪费时间，又浪费金钱。另外，如果你还因金钱而产生了压力，那么你就同时浪费了三种生命资源。

因为金钱的用途很多，所以人们往往非常重视它。然而，金钱并不能买到一切，而追求金钱常常是以牺牲个人健康和时间为代价的，这将会成为人们抱憾终生的事情。

“足够”的思考就够了

不要从金钱的角度去思考你想要什么或者需要什么，而是要从你所想要的或者需要的事物是否足够这一角度来切入。我们认为那些你想要的、需要的事物，能够使你过上令人满意且充实的生活，即为“足够”了。从金钱的角度来看，它并不是取之不尽、用之不竭的。那么你心中的“足够”到底是多少呢？你的需求又是多少呢？如果你坐下来与你的朋友或者合作伙伴讨论一下这个问题，你可能会惊讶地发现，够不够其实全在于你自己的想法。

我们的许多客户一旦明确了自己的最大需求，就会立刻改变他们的重心。

这样的改变能够使他们集中个人资源并投入其他正确的事情上。他们仍然有其他美好的事情可做，那些事情本身就可以给他们带来满足和欢乐。从而他们生活得更健康，把时间花在有助于提高生活品质的事情上，而不仅限于生活本身。

你的资源，你的生活

大多数人可以很轻易地预测短期结果，但要预测长期结果时就会面临一些挑战了。时间跨度越长，则越难预测。显而易见，人的大脑对不可预见的事情并不感兴趣，更不用说企业和股票市场了。这样的趋势着实令人头痛，因此人们更多地关注短期结果，更容易对其做出预测，即使这些预测不一定能够支撑他们的长期目标。

那么如何养成良好的时间习惯来帮助自己更有效地看管好生命资源呢？时间上的投资有时恰恰对其他资源来说是必需的，或许还会带来些额外的好处，很可能在之后的生活中节省你的时间。这些投资包括：

· **生病或受伤后要注意休息（关注个人健康）。**
· **锻炼身体（关注个人健康）。**

- **找一个专业的财务顾问（在之后的工作中节省更多时间和金钱）。**
- **花时间和金钱在新的职业领域接受培训或学习技能（为之后的时间、金钱和健康提前投资）。**
- **有时间自己动手做些东西而不是总花钱买（学会省钱）。**

当你明白这些时，你将会开启一个充满多种可能的世界，同时也要能配置好自己的资源。

你有想象中的健康吗？如果没有的话，你要怎样努力去维护这一资源？如果你所拥有的金钱资源与你想象中的不一样，那么你又能做些什么来改变现状呢？你怎么做才能留给自己更多的时间呢？

你不会一夜之间成为百万富翁的运动员，但是通过不断的练习，不懈的努力和长期的专注，你就可以获得细微的改变，这将对你的生活产生巨大的积极影响。

总结

你在本章学到了什么？

- **你的三种生命资源分别是时间、健康和金钱。**
- **如何将这三种资源结合在一起创造属于你的生活。**
- **在过去的100年中，预期寿命显著增加。**
- **我们的大脑仍然满足于短期思考和解决短期问题。**
- **细微的改变可以带来长久的成效。**

当你可以非常轻易地、自然地对这三种资源做出恰当的选择时，你就真正掌握了个性化时间管理，从而决定从哪里开始你的生活和职业生涯。

活动　仔细思考，并且记录在笔记本上：

- **目前你对时间、健康和金钱的态度。**
- **在日常生活和事业中，你的这种态度如何得到更好的体现？**
- **如今你意识到的那些因自己没想过的长远而不断困扰你的问题是什么？**

根据你的想法或记录在笔记本上的内容，决定要想支配好自己所拥有的生命资源，你应该做出的重要改变。

无论你决定做什么，就从现在开始吧，年老时你将会感谢现在的自己。

第三章 时间的传言

“被人相信的神话会成为现实。”

——乔治·奥威尔

……………………

传言广泛存在，却会带来错误的想法。如果你想要过上美好的生活，光靠这些传言是没有用的。

科林的认识

我们一直在与一家正在经历变革的跨国制造

公司合作，为它的高级领导团队做辅导计划。这家企业在变革中面临的一个主要挑战就是，人们固守现有的行为、思想和流程，认为这些是“一个企业走向成功的关键，也是一个企业获得当下成就的原因”。

员工们的抵触态度激怒了其中一名培训师，他总结出传言的力量和问题所在：“我们不停地讲同样一件事情，时间长了，大多数人就会对此坚信不疑，然而却没有一丁点证据来证明这些说辞是正确的。”

这就是传言所带来的问题：如果你只固守这些思想，不断地重复，不去展望未来，那么这些传言就会成为真理。

阅读本章时请你思考一下：

你对待时间的看法是什么？

你是如何利用时间的呢？

其他人如何利用他们的时间呢？

那些传言都有用吗？

它们是否经得起任何推敲呢？

你所知道的传言是什么？

关于时间，每个人都有自己所知道的，这些传言来源于他们的生活，慢慢地成了他们笃定的事实，之后他们就依靠这些事实来决定自己如何利用时间。

但问题是，这些传言对你生活的影响从来没有经过真正的检测或评估，你按照自己的想法生活，没有质疑，按部就班。而那些传言自然而然被认为是正确的，因此它们被运用在日常生活中。

传言会过度简化你真正需要的东西，通过自身心理对于时间复杂性的理解，你可以向着个性化时间管理的目标迈出重要一步。

对于时间，传言会耗尽你的精力，浪费时间而不自知。现在是揭开这些错误观念并做出改变的时候了。

虚构与现实

当抛开这些错误的观念时，你就会豁然开朗了。在任何工作和情景下你都能看清现实，你只需将时间花在值得的事情上，完成手头的工作。

与其他人和一些组织一起工作时，我们经常会听到和看到四种错误的理念。

四种常见的误区

误区1：一心多用是好事

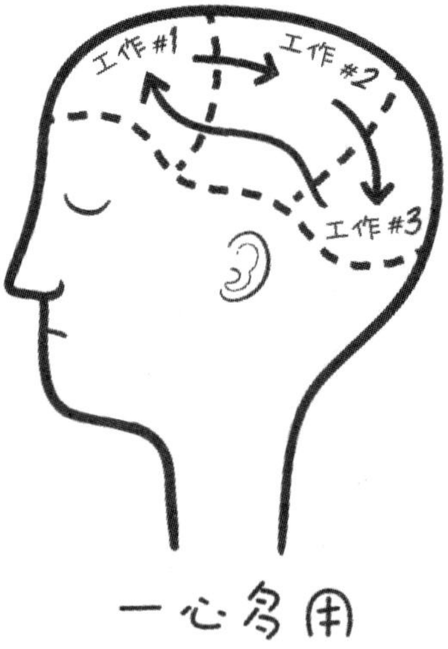

你的大脑一次只能关注在一件事情上，要想做好一件事情，你需要把注意力全部集中在这件事情上。个性化时间管理中关键的一点就是，将当下的注意力全部集中在你所做的事情上。

所谓的一心多用，实际上就是你的大脑飞速地从一个任务转移到另一个任务上，给每个任务分配一部分你的注意力并处理它们。一旦有很多件事凑在一起，那么你就很难将注意力集中在每一件事上。通常你会分散注意力，这样一来，其实每件事都得不到你的全部关注。有人认为他们可以一心多用，实际上，他们的大脑是在尝试同时追踪和处理脑海中同时出现的一些不同想法和活动。这样会消耗你的精力，降低你的思维能力。一心多用注重的是工作效率，而不是对客观分析结果。

对于一些经常性的、细小的或零碎的事情，影响可能并不大，最多也就是做每件事要花费更长的时间。

然而对于一些更复杂的事情，一心多用不可避免地使完成每件事情要花费的时间更长，并且可能会带来更多的错误，或者错过的一些细小的环节或者事情完成得不彻底，需要返工。

当你做一些很容易上手的工作时，一心多用是有效的，因为这些都是例行公事，不会受到任何其他因素影响。当这些工作不是你熟悉的，而是与你周围的其他人相关，需要你花费更多精力来完成时，一心多用就不起作用了。

开车就是一个很好的例子，你的大脑很容易从一个想法跳到另一个想法，这个过程并不会特别影响驾驶本身的质量和时间。这是因为大多数人能很熟练地驾驶汽车，但你会发现，如果你驾驶一辆不熟悉的汽车或者在一个陌生的地方行驶，需要集中注意力时会很难兼顾驾驶和说话，或驾车和分神。

想象一下，在你写报告的同时想着晚餐应该做什么，然后接了一通电话，毋庸置疑这比你关闭手机、专注于报告花费的时间要长很多。或许因为报告的质量受到了影响，你还需要花更多的时间来修改它。打电话时也可能因为注意力不集中，浪费了更多的时间。

不能一心多用的例子：

一边陪孩子玩，一边想着工作。

你不能与孩子很好地沟通，孩子同样也感受不到你对他的关心。你们不会感受到在一起的喜悦，同样你的工作也不会高质量地完成。

一边做晚餐，一边打电话。

这会影响到对方与你的对话体验，因为他们感觉到你没有给予他们足够的重视，同时晚餐也会受到影响。

集中注意力做好需要做的事情，之后再腾出时间做其他事情。就这样尝试一天，一次只专注在一件事情上，你就会发现你能更多地、更高效地完成事情。

误区2：忙碌是件好事

“繁忙”已经成为一个充满社会意义的词语，它驱使着人们成为忙忙碌碌的傻瓜。

你是否有一个积极的目标推动你前进？大多的时候，人们都是为了忙碌而忙碌。人们只知道自己“需要”保持忙碌，但实际上这些忙碌是必需的吗？吃完饭就要立刻收拾碗筷吗？每周一你都要开一小时的例会，但这并不意味着你要一直这样做。

从心理上来讲，“忙碌”这个词是为了向他人传达以下信息之一：

· 我非常重要也被需求。

- **我很受欢迎。**
- **我有熟练的技术。**
- **不要再给我安排更多的工作了。**
- **无论你安排我做什么，我都不会答应。**

当你说自己忙碌时，你其实在和自己传达以下一个或多个信息：

- **我超负荷工作了。**
- **我不确定我能应付得了。**
- **我没有空间。**
- **我不善于管理时间。**
- **我的生活变得杂乱无章。**
- **我感觉自己有点失控。**

这些对你个人而言都不会产生积极的影响。一个人的忙碌并不能作为荣誉勋章，这只能表明他们很难优先考虑和经营自己的生活。

做任何事情都应该要有明确的目标。想象着你在做令人振奋、很有趣、很高效的事情，或者通过其他心理暗示来帮助你集中注意力。

误区3：你思考一件事情所用时间的长短证明了它的重要程度

人们不确定或需要了解更多信息时才会花时间来思考，而不是因为这很重要。当某件事情对一个人来说非常重要，并且他们对此深信不疑时，就不会用太多的时间去思考。

在购买自己梦想中的房子或汽车时，你花了多长时间来思考呢？对于大多数人来说，20分钟内就能做出这个决定。心爱的人向你求婚，你花了多长时间来思考呢？毫无疑问你会立刻答应的。身边有人生病并向你求助时，你花了多长时间来思考呢？没错，你会说自己没有时间。看到一份完美的工作广告时，你又花了多长时间决定去尝试一下呢？

人们经常会因恐惧、不确定和在意他人眼光，而用更多的时间来思考一件事情，这并不代表着这件事情非常重要。

在很多企业、组织中确实会浪费大量的时间来搜集更多的信息，从而证明决策的重要性。通常来说，这部分时间确实是浪费掉了，这个过程只是为了证明你选择了你想要走的路线。

如果是你的思维方式导致了你的拖延，那么你应当问问自己，究竟是什么阻碍了你前进的步伐。是因为你需要更多的信息吗？还是你需要得到其他的意见呢？当你确定了自己真正需要的是什么，你就可以缩短做决定的时间了。

误区4：时间管理工具适用于每一个人

人们的思维方式不同，对事物的看法也就不同，如果在思考过程中遇到困惑，那么世界上没有任何一款时间管理工具可以解决。时间管理工具只有与人们的想法匹配时才会起作用，他可以帮助人们变得有条理，明确到底什么才是需要做的，并且完成这些事情。确实在特定的时候，对于一些人来说，时间管理工具是有些用的，但是它本身并不会带来个性化时间管理。

	紧急	不紧急
重要		
不重要		

史蒂芬·柯维所著的《高效能人士的七个习惯》一书中，紧急/重要性矩阵是时间管理工具中一个很好的例子，我们将它运用在领导力发展项目当中。小组在讨论“紧急”和“重要”这两个词对每个人来说意味着什么时，总会产生非常有趣的辩论。对于一些人来说，一切都是紧急的，或者这个紧急程度取决于是谁要求做这件事情的。对于一些人来说，重要与否基于一套固定的标准，或者可能是爱和感觉决定了什么才是重要的。

事实上这些词都极具主观色彩，因此柯维提出的方法能否成功应用，取决于你如何定义这些词。你对它们的定义取决于你所接受的教育、你完成每件事的深层策略以及你的信念和价值观。

要想掌握个性化时间管理，你不能只停留在表面，要仔细斟酌现行的策略，并明确哪些策略可能无益。

总结

你在本章学到了什么？

- **传言广泛存在，但却是些错误的理念或想法。**
- **关于时间的传言经不起推敲并尚未得到论证。**
- **这些想法根深蒂固，且常为无意识的。**
- **你需要消除四种主要的思想误区。**

活动：仔细思考，并且记录在笔记本上：

- **本章中四种时间理解误区，哪一个也是你一直以来深信不疑的呢？**
- **阅读本章时，你能对哪些其他的时间传言做出合理的判断呢？**
- **如果对上述问题你仍没有明确的答案，那么在接下来的一周请注意你的言行。对于那些实际**

上没有根据的传言，你会怎么做、怎么说呢？

在你的想法或记录下来的内容里，哪个能够在工作中帮助你提高时间资源使用率，避免时间浪费呢？

一些关于时间的传言严重不利于你合理地利用时间。当你舍弃那些对你无益的传言，理智地利用你所拥有的时间资源时，你就能够更好地掌控时间，决定自己去做什么、如何利用时间。

试想一下，当你不再迫使自己一心多用以提高时间利用率，花费时间专注于对你来说重要的事情上，一切将会变成什么样呢？你能成就什么？你能实现什么？

假使你停止无尽的忙碌，提高自己的办事效率，一切将会变成什么样呢？假使你能想得少一些，做得更多一些，一切将会变成什么样呢？假使你花更少的时间来创建待办事项清单，花更多时间将计划付诸行动，一切将会变成什么样呢？

如果你开始这样做，那么毫无疑问，你已经用不同的方式来思考你的时间管理了。

第四章 停止拖延

“大多数人花时间和精力为难题所困而非解决难题。”

——亨利·福特

……………………

习惯性拖延的人都一样，不够专注，缺乏努力。即使是只要腾出一些时间就可以去完成你真正想完成的事情，但你却做不到。

当你真正做到不再拖延时，你就能够拥有更多的时间专注于那些对你来说极其重要的事情上。

什么叫作拖延？

拖延是指你花费过多的时间在那些并不重要的事情上，而这些事情并不能帮助你获得一些成就，还会使效率降低。

如果你所做的事情并不是必须要做的，也不能让你收获任何事物，还需要你花费很长的一段时间，那么你为什么选择去做它呢？因为你是人类。

这里给出两点主要原因，它们能够解释为什么人们会选择去做那些不需要、没意义又低效的事情。

1. 你就像儿童一样喜欢模仿他人

儿童习惯于去模仿身边对他们来说很重要的人，尤其是他们的父母。这是人类学习的方式，也是人类的本能。对于儿童来说，他们无法用辩证的眼光去判断他们模仿的行为哪些是真正好的，哪些是低效无用的。

你之所以这样做，只是因为你认为那些比你强大的人这样做，就说明这些做法是正确的。长此以往，这些思维、信念和自然而然产生的行为方式便直接影响了我们现如今思考问题的角度和做事的方式。除非有一天我们意识到了这一点，并且决定为此做出一些改变。

你同样还会向不同的人学习模仿不同的事情，这些都是造成你拖延的原因。有时，这些不同的方式有可能会给你带来困扰，并禁锢你的思想。例如：如果母亲是一个干脆果断的人，而父亲是一个谨言慎行的人，你就会接收到两种完全不同的风格。然而你却丧失了认知能力，来判断两种做决定的方式分别适合什么样的环境。结果可能是你在做决定时变得犹豫不决，在麻木与冲动间摇摆不定。

并不是让你从快乐与成功选择其中一种，而是让你选择一种适合你的方式，适合你所处环境的方式。

2．不良的拖延习惯使每件事的效果平平

另一种造成拖延习惯的原因是对所做的事情并

不感兴趣，这个过程可能很痛苦、很困惑或很让人头痛，但最终你无法选择，只能去完成它们。

用不同的策略来思考两个例子。

购买礼物的策略

你是否从7月份开始就在思考圣诞节了呢？你早早地就购置好了物品，将他们包裹好，储存起来只为等待最重要的那一天。拥有最大限度的组织和效率，堪称完美！

为什么有的人会这样做呢？明显平安夜前赶去商店购买一些剩余的物品，跑回家里找一些旧的纸张（例如生日时用的），几小时后，抢购风潮结束，你瘫倒在椅子上彻底放松一下，就该睡觉了，这样更好，大获全胜！也有人这么以为。

或许你在为给男朋友或女朋友购买生日礼物而苦恼，但当你在询问了4000个人、经历了数个不眠之夜后选择好了，他们非常喜欢。惊艳之作！

哪一种策略最节省时间呢？

这取决于你看待问题的角度，每一种策略的结果都买到了礼物，可以说结果是成功的。然而，从7月份开始为圣诞节筹划就意味着很好地利用了时间吗？难道疯抢至最后一刻，紧绷神经却并没有得到你真正想要的，要比与朋友、家人在一起更好吗？如果你仅仅是失去了勇气，避免浪费这么多时间，你还会做出同样的选择吗？

会议准备的策略

你是否无时无刻不在整装待发，因为你从来不知道将要发生些什么，需要你去做什么？你在会议开始前三天就准备好了一切，没有任何遗漏的事情或会难倒你的问题。可以说是非常成功了！他们只问了三个问题，剩下的27项即使你都准备好了，也不会再有人问询。

或者你没有为准备工作而困扰，因为你从来不知道将会发生什么，你可以蒙混过关的。会议进行得非常顺利，你蒙混过关且没有人发现。非常顺利！会议什么结果都没有得出，可以说是浪费时间，但至少你没有浪费时间在准备工作上。

这两种策略都获得了想要的结果，但都浪费了时间。

七种主要的时间拖延类型

No.1　总思考或者讨论一些你无法影响或掌控的事情

如果你监控自己的思想并记录你的对话，那么你就这些主题投入了多少精力呢？每一秒你用在思考或者讨论的那些你无法影响或掌控的事情，你都是在浪费时间，这些时间你本可以思考和讨论其他你力所能及的事情。

这一类的主题包括：

- **传播一些闲言碎语。**
- **与某人抱怨某事，而这个人并不能做任何事情来解决这一问题。**
- **企图通过暗示、议论或者其他秘密的方式来影响他人。**
- **和某人议论一些观点，而他却对此并不关心，也无法证实你的这些观点。**

当你和别人分享一些信息时，不论是在什么样的情境下，问问你自己："为什么我要这样做？"如果这样做能够帮助到你，那么思考一下如何吸引到对方，这样才能使结果更富有成效。如果你去和别人分享这些信息，仅仅是无病呻吟，没有任何目的，那么就是在浪费时间。

一些人通过聊八卦和一些无关紧要的事情来建立和维持人际关系。从古至今，人们通过交换信息来连接或重建双方之间的关系。直到今天，尤其是在英国，人们仍旧通过讨论天气来建立人与人之间新的联系。如果这样的行为确实有着有用的目的，那么它就不能被认为是浪费时间。

关键就在于要明确这样做的目的到底是什么，之后再问问自己，你值得花费时间这样去做吗?

No.2　空想着未来（积极或消极）

幻想未来与明确目标展望未来之间存在差异，你可以通过询问自己以下两个问题来明白差别在哪里:

我所想的这些切合实际吗?

我为这些想法做出努力了吗?

如果你想实现目标，并且为了达成目标做好了充分的准备，那么明确目标是一个强有力的过程。

如果你梦想你住在海边的一所大房子里，但却没有任何计划，也没有任何去实现计划的意图，那么这就是空想。空想不仅仅是浪费时间，还会给你的情绪带来消极影响。如果你总是在幻想着那些没有发生的好事情，你的大脑就会不断地感到失望。

消极的幻想也会产生同样的结果。总是消极地想象着可能发生的事情，并不能帮助你解决这些麻烦，既然如此，为什么要自寻烦恼呢？你的大脑就是宝贵的资源，如果过去它没有因那些消极的情绪禁锢思想，那么它就可以在遇到突发状况时处理得很好。

积极或消极的空想均会成为习惯。你可能会发现自己总是在无意识中这样去做，需要通过联系来打破这一习惯，最好的方法就是彻底打破幻想，通过其他事情来分散注意力。进行其他的活动，散散步、喝杯咖啡，尝试一切可以打破这种模式的方式。

可能这并不是一件简单的事情，你的大脑已经习惯了这样的思考模式，即使它们是消极的。警钟长鸣和冥思苦想可以帮助你打破这一思维习惯。

No.3　事情已经结束，但仍在你脑海里循环回放

大脑趋向于一遍又一遍重拾那些让你记忆犹新的不好的回忆。

这样做的积极作用在于，让你通过过去不好的经历得到教训，规范以后的行为。如果你习惯于反思，你的大脑将会不断提醒你，尤其是在夜深人静时，在

你试图入睡时。

注意你的大脑想要给你传达的内容。你是不是本可以在那种对抗的环境下做得更好，还是没有之前做得好？你想做的事情是不是和你所学到的完全不一样？一旦你要采取行动时，你的大脑就会让你冷静下来，因为它知道你在听它说话。

接下来，你需要打破固有的思维习惯，去尝试一下别的事情，经过多次练习，就会减少这样的事情发生的概率。

No.4　埋头苦干，没有明确的结果

不好的习惯妨碍了你合理利用时间。仔细回顾一下你的习惯，问问自己："我从中得到了什么？"没有明确结果的典型活动包括：每隔五分钟检查一次你的手机或邮件、看着你不感兴趣的电视、习惯性地做家务。

当你不确定自己的目标时，你的大脑会习惯性地告知你这样做是最好的方式。你想保持哪些习惯？又想改变哪些习惯呢？

No.5　一次打开太多脑回路

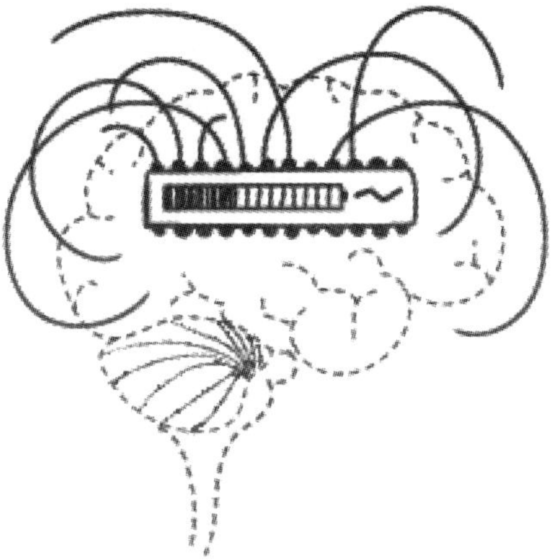

打开脑回路是指你产生想法、进行活动和做出决定，却在这之后没有确认完成。因此，每当你思考一件事情时，你就打开了一个环。

人们经常开始做一些事情，却并不将它们彻底完成；或者开始思考做出决定，却并不得出结论；或者提出一个想法，却并不继续深入或者停止这一想法。打开太多的脑回路就好像在电脑上打开了太多的应用软件，既耗电又影响机器运行。有太多的发散性想法会使人们心力交瘁。

为了避免这种情况，可以采取以下措施来关闭这些脑回路：

- **付诸行动。**
- **确定好什么时候你来解决这些事情并且关闭这些脑回路。**
- **主动停止做某事。**
- **主动决定推迟做某事，稍后再完成。这样能够提醒你再次想起这件事的时间。**

你们当中一些人非常富有想象力，总能提出各种各样新的想法。准备一个记录这些想法的笔记本，或者采取其他可以让你及时回忆起这些想法的方法，能够有效地防止你受控于无尽的想象力，以及浪费时间。关闭一些无止境的脑回路，保存自己的精力和脑力，从而更加专注于重要的事情上。

No.6　过度思考，而不付诸行动

如果在你脑中不断闪现的想法并没有化作行动，那就是在浪费时间。

将你的想法化作行动，这会给你带来不一样的感受，也能给你带来不一样的视角。你每迈出的小小一步都会带来巨大的改变。

No.7　相信有“完美”存在

完美主义是成功的敌人。没有什么东西是完美的，无论是人际关系，还是工作或者生活。当你谈论完美时，你所指的完美究竟是什么？这个定义很重要。

很多人都用“完美主义者”这个标签来描述自己，通常他们指的是高标准来要求自己。高标准没有错，如果它能够激励你，给你带来欢乐，你为什么不去追求它呢？但是，当你痴迷于追求完美时，挑战和时间的浪费就相继到来了，因为对完美的痴迷非但不能帮助到你，还会给你带来麻烦。

当人们等待完美时，无论所追求的完美是什么，都是在浪费时间，失去了发展其他事物的机会。有些人在动摇之前会一直等待“正确”的事情发生，还有一些人则会一直为“完美”而努力，而不是满足于成功所需的东西。如果你不确定这样做是否对你适用，或者你对于完美的定义是否对你适用？那就去做，只有做了，你才可能会发现自己对于“完美”有了更加正确的定义。如果你还在等待那个“完美”的合作伙伴或工作，那么结果可能会令你失望。

从浪费时间到个性化时间管理

每个人都需要让自己有处于停机的时候，有时你可以选择封闭自己的大脑，看电视来放松一下。有时你可以与其他人展开激烈的讨论，是因为你想知道你怎样才能改善目前的情况或者帮助到他人。

但逃避现实，梦想着能与最喜欢的明星结婚或者过着亿万富翁的生活就偏离了正确的方向。

想想你是如何度过时间的，有多少方式是有成效的，再问自己一个会令你不舒服的问题："我把时间浪费在哪里了？"

有些时候你可能会觉得自己在浪费时间，但事实并非如此。如果你身体不适，就会花时间来恢复健康，换句话说就是你要停止工作，不能参加那个派对或者出门，那么你认为这属于浪费时间吗？答案当然是否定的，花时间来恢复健康，这是为了更好地利用时间。

那飞机延误滞留在机场或其他类似的情形呢？如果你能提高效率，利用好时间，那么你就完全可以在这段时间读一本书、与朋友煲电话粥或者阅读一份报纸。这种专注的思考方式可以有效利用时间。

总结

从这一章中你学到了什么？

- **人们通过模仿来学习，而不是评估和选择。**
- **即使你得到了结果，你也可能仍然是在浪费时间。**

· 拖延的人往往是无意识地做某事或思考某事，甚至你可能都没有意识到这是在浪费时间。
· 有七种主要的时间拖延类型。
· 发现自己把时间浪费在哪里，能够帮助你改变自己的行为习惯，阻止这样的情况发生。

活动：现在是时候改善日常生活中浪费时间的行为了。思考以下问题，将答案写在你的笔记本上：

· 有哪些行为是你像孩子一样模仿他人学到的，现在你意识到这样做效率低下了吗？
· 你做了哪些得到了结果，但自己或者别人认为是在浪费时间的事情呢？
· 上述七种主要的时间拖延类型中你有哪种行为呢？你能立刻想到哪些策略来减少这样的事情发生的概率呢？

从你的想法或写下来的内容中决定，什么才是你认为可以帮助你做出关键性改变的方法，这些方法会给你带来最积极的影响。

停止做某件事情是一种心理上的挑战。当你想停止做某件事情时，你反而会考虑更多的事情，这是因为你的大脑在不停地提醒你。这就是为什么戒掉吃巧克力会如此困难，即使你不想吃巧克力了，“巧克力”这样的字眼依旧会不断地出现在你的大脑里。

想要摆脱这样的脑回路，那就专注于一些其他的事情。行动起来，消除一切日常生活中浪费时间的行为，去做更有意义的事情。

在下一部分中，您将会学到一系列技能、态度和实践方法，通过这些你可以掌握个性化时间管理。个性化时间管理的四个关键是：

- **解决内部矛盾。**
- **划分时间块来获取成功。**
- **从节奏的角度思考而非平衡。**
- **连接时间边界。**

我将这四个关键以这个顺序写在书里，因为这是学习和理解这些想法和概念最理性的方法，你也可以以按其他顺序学习它们。首先浏览一遍这四个关键点，然后通过学习第三部分来决定将注意力集中在哪个关键点上。

II

个性化时间管理的四项要素

第五章 解决内部矛盾

“对一个人而言，最大的冲突不是两个人之间的，而是与他自己的。”

——加斯·布鲁克斯

……………………

内部冲突是对你来说两件（或更多件）事情都很重要，你需要对这些进行时间分配。这场时间争夺赛的结果会耗尽你的时间和精力。

你有没有对自己说过，“我很想坐下来放松一下，但是我需要先完成这个任务”或者“我真的很热爱我的工作，但是这会妨碍我和孩子们在一起”。这两种都是内部冲突的例子。

哪种是你遇到或者常常听到的情况呢？

担心其中一件事的同时去完成另外一件事情，或者试图平衡两者，这都是在浪费时间。这样的结果是你哪件事情都做不好，对整个过程也不太满意。

明确你的竞争需求，找寻到可以充分利用时间的方法，这样就能避免在担心或竞争中浪费时间。

当你解决内部冲突时，你不仅仅是感觉比之前更好、更轻松、更受控制，而且你对自己所做的事情也更加明确，这也使你做起事情来更加得心应手。谁会拒绝这样呢？

为什么我们会有内部冲突?

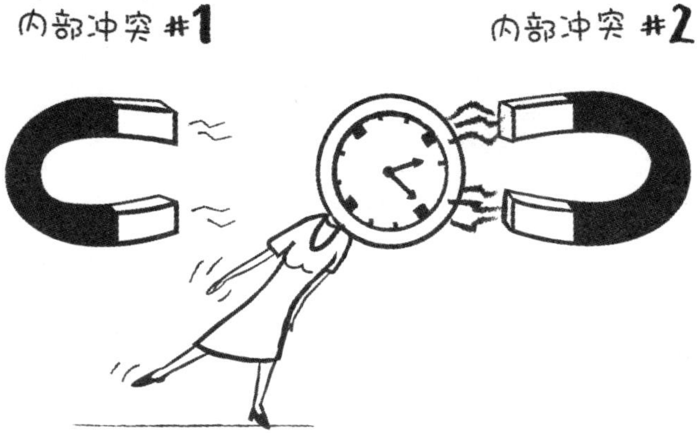

如果我们只做使我们愉快的事情，避免引起我们痛苦的事情，那么生活就会变得令人愉快和异常简单了。

然而人类要远比这复杂得多。

随着我们长大成人，内部冲突自然而然就会产生。它们不是童年遇到的麻烦、一个事件或其他不幸带来的结果。它们的产生是因为，你长大的过程中身边的人对你施加影响，通常是你的父母。他们有很多不同，他们有着不同的观点、态度、优先考虑的内容和信仰。人际关系中，不同点反而会互相吸引，所以在某些事情上他们可能会有一些截然不同的看法。作为年轻人，你会接受这些不同点，并将它们融入你自己的性格中。

我们来看一个内部矛盾在日常生活中如何表现的例子。

吉莲的内部冲突

吉莲的父亲让她决定周末去玩什么，或者去哪里，他听吉莲的安排。而吉莲的母亲更注重纪律性，要检查吉莲每天晚上完成作业的情况，并且坚持要求她按时睡觉。吉莲一直受这两种风格的影响，但对这两种风格无意识，问题出现在她成年后，当她要决定是选择继续多完成一些额外的工作，还是选择休息一天、和朋友一起出去玩时，她犹豫不决了。将父母的两种做事风格融入自己的生活中，她并没有学会如何科学高效地处理时间上的冲突，那么她应该怎么做呢？

吉莲发现自己在不同的时间做了以下事情：

- **花很长时间来考虑这个问题，仔细看看这个工作，弄清楚如果把这个工作留到第二天结果会怎样。**
- **问清楚朋友今天出门要做什么，以便决定她是否真的想去。**
- **做其中一件事的同时后悔没有做另一件事。**
- **决定留在家里完成工作，然而工作完成得并不好，因为当她开始工作时，她发现自己并没有心情去做。**

你的大脑会被这些相互对抗的优先事项控制，而你并没有意识。它总是在不断地平衡：“我应该顺其自然还是严守纪律”“当下完成好还是稍后再做也可以”。这一切都在消耗你的时间和精力。

当你弄清楚到底哪个对你才是最好的时候，做出决定就不再是个问题。

矛盾会引起你对生活的不满，使你错过目标，或者在之后的一天或者一周结束时使你感到筋疲力尽。

认清你的矛盾所在

仔细思考一下你经历的日常内心矛盾，包括优先做什么和决定做什么。

或者想想你为什么过着不满意的生活。冲突、阻碍或者拉锯战对你而言是什么？

以下是人们常见的内部冲突。

内部矛盾1：自由与安全

当人们经历这种冲突时，他们如何选择或优先考虑，是通过对这些事情考量来做出决定的，这些事情是否符合他们对自由的向往，这就带来了各种各样的选择以及对安全的需求。

你可能想在生活中做自己想做的事情，但担心你没有足够的其他资源（通常是金钱）来保障你所认为必需的安全。在人际关系中，你可能从稳定且安全的合作伙伴转变为疯狂而不可靠的合作伙伴，并且在两者之间不断变换！

如果你受困于这种矛盾，你就会花费很多时间去思考你是否有足够的安全感，并且有很多时间梦想这自由式的体验，或者后悔不去做它们。

内部矛盾2：我的时间与他人的时间

你会在做自己想做的事情和照顾他人需求之间费尽心思，经常会拼尽全力权衡两者。你渴望能拥有时间实现自己的梦想，但当你这样做时又会感到内疚。

有工作的父母常常觉得没有一丁点儿属于自己的时间，他们要么为了养家糊口拼命工作，要么把时间花在孩子或家庭活动上。

你会觉得只顾自己的事情很自私，你会在与大家一起活动时，一边认为这是“正确”的选择，一边默默地抱怨着。

内部矛盾3：工作与放松

当你在工作时，你梦想着能够获得放松。当你想要放松一下时，又在思考自己需要完成的事情。每种选择让你犹豫不决，而且不管选择了哪一种，你不满意。人们常会选择相当极端的方式来处理这样的情况，例如：六个星期全勤工作，然后花费大量时间休假或恢复。

内部矛盾4：理想工作与家庭责任

这种冲突与前面所说的自由和安全冲突、我的时间与他人的时间冲突类似，只不过它是特指工作和家庭之间的冲突。也许他们梦想着成为一名滑雪教练，但因为家庭责任而无法实现这一梦想，或者他们的伴侣期望他们有着很高的收入而阻止他们追寻自己真正想要的工作。

家庭方面的影响非常重要，人们一边被责任束缚，一边暗自抱怨着无法追寻自己的梦想。他们不会对任何人说，因为这不公平。这总是会将他们带回责任的话题上，最后没有一个真正的赢家。

内部矛盾5：独立与亲密

有这一矛盾的人们面临着人际关系的挑战，这对他们产生了一定的影响，因为他们花费了太多的时间走出、走进一段关系，并且为了“我应该留下还是离开”而挣扎犹豫。核心在于他们一边渴望个人独立，而另一边渴望与他人亲近，因而内心不断斗争。无法兼得这两者的人既会留在这种不理想的人际关系中，又会在与合作伙伴的关系中跳进跳出，这样他们永远无法协调好他们的人际关系。

这在人们选择职业时也会遇到。他们希望“为自己工作”，当他们这样做了，又会与他人失去联系——这种联系只有在一起工作时才会得到。同人际关系一样，他们会继续做着不理想的工作，或在寻找正确工作方式中犹豫不决。

花一些时间写下你自己的内部冲突有哪些。

用和平的方式解决内部冲突

对于一个家庭、一个企业甚至整个世界，某种程度上来说，解决一切内部冲突的关键就是妥协和谈判。这看起来像是要求你屈服或放弃某些东西，这就是人们对于妥协的理解。

内部冲突的问题是，当你站在争端的一边时，你会拒绝或讨厌另外一边。在我的时间和他人时间的冲突中，你会认为只考虑自我是自私的行为。

在自由和安全的冲突中，无论你站在冲突中的哪一方，你都可以向自己和他人证明自己的立场。当选择了“自由”时，你会说：“我很高兴放弃了这个工作，现在我可以自由地做我想做的事了。”而选择了“安全”时，你会说：“知道我所有的钱都有保障了，这感觉很好。”

你怎么做呢？

不管内部冲突如何，都是可以解决。你需要对自己坦诚，如果需要帮助的话，请与你信任的人交谈，即使他们不会解决你的问题或给出答案。

解决内部冲突是要分三步走，确定每种选择的积极意图，感谢你为每种选择所做的努力，最终达成妥协方案，这样可以使你更有效地利用时间。

（1）问问自己“每种选择的积极意图是什么？”所有的行为都是为了带给自己一些积极的影响，即使这样做看起来是无益的，你也可能会从每一种选择中得到四种或五种你想要的积极影响。当你问自己这个问题的时候，相信你脑海里浮现的答案会令你惊讶，特别是如果这是你不喜欢的选择。

（2）承认并赞赏每种选择的积极意图。你要清楚地意识到你不是站在哪一边。随着时间的推移，你会减少内心的斗争，会少一些对冲突的怨恨，节省出更多时间。

（3）对一些人来说，这足以实现和平。如果没有，那么你就需要在两者之间做出妥协。避免妥协分散你的时间，导致问题恶化。关注你的积极意图，你怎样才能满足两者的需求？你会有所让步，但整体结果会更为积极。例如，在我的时间和他人时间冲突中，你可以找到自己喜欢做的事情吗？或者在理想工作和家庭责任冲突中，你可以参加一些培训从而更接近梦想中的工作吗？这样同时能兼顾你的家庭责任。

耐心等待，直到你找到适合你的方法。

汤姆的时间拖延冲突

汤姆一直梦想着为自己工作。他喜欢制作东西，并且很擅长。他误打误撞步入了会计的职业，这似乎是一个明智的选择，有着很高的薪水，每个人都认为他是成功的，除了汤姆。他刚组建了一个新的家庭，感觉比以往任何时候都更困难，而且工作中没有太大起色。他花费了大量的时间来思考这一问题。

1．汤姆认为他经历的是理想工作与家庭责任之间的冲突。一方面他想为人们制作实用的家具，另一方面他想为家庭做出贡献。

2．“稳定工作”的积极意图是：令人自豪，人们接受，获得重视（家庭），得到尊重，财务安全。“理想工作”的积极意图是：富有创意，实际实用，热爱生活，帮助他人。

3．汤姆把所有这些话都写下来，问自己：“我能做些什么来实现所有这些积极的事情？”他还同他的妻子讨论了这一问题，并且制订出了一个计划。

汤姆在他的会计岗位上再待了两年，同时他也保证了家里的财务支出，之后每周工作四天，用剩余的时间接受培训，掌握手艺，并学习如何经营企业。三年后，他每周只用一半的时间工作，剩余一半时间用来制作和销售家具。他的目标是不断调整工作，直到可以轻松应付，并将其作为生活的一部分。

总结

从这一章中你学到了什么？

- **我们每个人都会面临内部冲突。**
- **内部冲突是成长过程中正常的组成部分。**
- **无法轻易解决矛盾中的优先选项会导致时间的浪费。**
- **冲突中的每一部分都有有利的内容。**

- 通过谈判和妥协可以解决冲突。
- 解决内部冲突可以通过三个步骤来完成。

活动：现在你已经意识到自己的内部冲突是什么，你需要为此采取一些行动。思考以下问题，将答案写在笔记本上：

- 你的主要内部冲突是什么？
- 哪种对你的生活和事业最不利？
- 从你的想法或记录的内容中找出主要内部冲突，这是你开始实现个性化时间管理的最大障碍。
- 合理分配时间，并使用上述三个步骤来解决冲突。
- 每个月底回顾一下因为你的决定又出现了哪些变化，之后对此再做出新的调整，最大限度地发挥由变化所带来的积极影响。

通过解决你在本章中了解到的内部冲突，你可以做出哪些改变？通过这些改变，你能达到哪些未实现的目标？

重视你的内部冲突，现在决定要解决它们，停止对时间的浪费并采取行动。下一次当你听到自己说“我想……但是”时，或者当你坐在桌子前盯着屏幕工作、心里却想着回家时，就能意识到这是一个内部冲突的问题，而你是可以解决它们，并且重新规划时间的。

第六章 划分时间块来获取成功

“只要时间允许，你可以到达任何地方。”

——史蒂夫·赖特

……………………

时间块通常是指，在思考任务和活动时将时间划分为各个时间段，这样划分时间可能是有帮助的，也可能是没用的，这一切都取决于你想达到什么目的。

有些人在很短的时间段内思考问题：一小时内他

们做了多少事情，甚至十分钟内他们能做些什么。

而另外一些人并不会以分钟或小时为单位来思考问题，他们可能会以半天、几天、几周、几个月甚至几年为时间单位来进行思考。

无论你在哪个时间段内思考，这都是属于你的时间块。

你怎样划分你的时间块？

你是否会思考自己今天做了什么？如果你会这样做，你又是否把时间段划分为上午、下午和晚上，一小时或15分钟？

你对本周，甚至更长一段时间将要做的重要事情有所了解吗？

虽然没有一种适用于每件事和每个人的最佳方式，但是在特定的情况和环境下，运用特定的方法划分时间，能够帮助你更加高效地利用时间。

这里以某人的思考方式为例，他将时间段划分为上午、下午和晚上，这样他：

- **会更高效率地完成任务和活动。**
- **在一小时内做一些简单事情的效率会降低，要么是因为脑海里对这些事情的意识不够，要么是因为完成任务所花费的时间远比所需的时间长。**
- **思考长期目标和想法时遇到一些问题。**

以另一个人为例，他将时间段划分为几周甚至更长的时间，这样他：

- **可以更高效地完成长期项目，并且对那些需要花费很长时间完成、步骤不确定、定义不明确的事**

情进行更进一步的思考。

- **在做一些细小的事情时效率会变低，那些他所认为微不足道的事情，可能会使他的生活在很长的一段时间内更简单。**

想象一下，当这两种相反的人处在同一个团队、同一家公司，甚至是一对情侣，会是什么样的情景？再想象一下，一群有着相同时间划分习惯的人在一起工作会是什么样的情景？什么样的情况下能够高效地利用时间呢？什么情况下又会浪费很多时间呢？

在组织中，掌管项目、团队乃至组织本身的个人或组织对于时间划分的喜好，将会影响到它所关注的一些内容，例如花费多少时间完成某事，以及认为哪些是重要的而哪些并不重要。

想要获得成功，你需要在划分时间时意识到自己和他人对于时间划分有着不同的风格，随之而来的帮助和挑战，以及运用适当的风格高效地完成任务。

划分时间块需要掌握的3个步骤分别是：

（1）明确你喜欢的时间划分方式。

（2）根据你喜欢的方式调整你的计划安排。

（3）根据情况所需扩展你所喜欢的时间划分方式。

1. 明确你喜欢的时间划分方式

针对这一点有两种思考角度：即时间块的大小和时间块的先后顺序。计划某件事情时，或者做下一周计划前仔细思考一下：你脑海中浮现出的是什么？这件事至关重要且具有里程碑意义吗？或者你是否已经对这件事有了具体的想法和安排了呢？

时间块大小

将时间划分为大时间块的人

他们从关键目标的角度来思考如何对时间进行划分，通常他们会有很多的想法或面临巨大的问题。往往出色的策略思考家有能力进行长期思考，甚至对其一生进行规划。

确实起到一定作用的原因有:

- **全面考虑到了结果。**
- **围绕重要的人生选择做出决定。**
- **保持个人和计划与宏伟蓝图保持一致。**
- **确保考虑到更加广泛和更加长期的影响及问题。**

并没有起到明显作用的原因有:

- **未采取一些可行的小步骤。**
- **未关注到一些细节的重要性。**
- **未仔细聆听他人发现的问题。**

对于那些将时间划分为大时间块的人来说，他们同样可能会因为面临的问题而困扰。他们针对每个糟糕的情景都有自己的锦囊妙计，可以让他们在事情进展不顺利时平静下来。

他们也会自我欺骗，告诉自己多的是时间。他们也可以把事情延后完成，或者迟迟不行动，在他们心里，“再多一天也不是什么要紧的事情”。

将时间划分为小时间块的人

他们把时间划分为几天、几小时甚至是几分钟。他们衡量办事效率的方式是，看看自己在给定的时间内完成了多少事情。

他们善于思考所有事情的细节，也正因如此经常被视为行动高手，总是将自己的日程排得很紧凑。

确实起到一定作用的原因有：

- **关注细节。**
- **准确估计完成一件事需要花费多长时间。**
- **把大的计划或活动分解成易于处理的细小部分。**
- **有效地管理计划中的日常活动。**

并没有起到明显作用的原因有：

- **过于专注在细节上。**

- **那些使你沉迷其中且忙碌不停的事情可能并不是那么重要。**
- **当进行计划时发现还需进一步展开。**

将时间划分为小时间块的人很容易变得瞻前顾后，因为烦琐的细节会困扰他们。这可能会使人筋疲力尽，因为我们不可能解决所有问题。

他们也会欺骗自己，坚信当完成了很多活动时，自己就已经取得了很多成就。而事实上只有当达到了某个目的或目标时，我们才能说这些活动富有成效。

对时间块进行分类

所谓的“分类”实际上是指，一个人基于自己看待和处理面对的活动和任务时所采取的方式。

对时间进行排序的人

以这种方式进行排序的人能够清楚地看清自己的时间线，并且很容易将活动定格在过去、现在和将来。他们会将他们的一天或一周描述为一个序列：

“星期一我们做了这个……然后星期二做了……”当组织安排任何一件事情时，他们的出发点将是按照事情或活动的先后顺序来逐一完成。他们能够成为优秀的项目经理或顾问。一旦有了计划，他们就会将其变为现实。

对时间块进行排序的缺点是，计划一旦确定就很难改变。这会带给他们巨大的压力，从而产生抵触情绪。保持现状尤为困难，因为他们的头脑总是会习惯对时间和活动进行排序。

一些人认为对时间块进行排序是枯燥乏味的，尤其是将这些时间块与细小的思考过程联系在一起时，如果问他们“今天过得怎么样呢”，他们会按照顺序详细地描述细节，如果他们错过了某一环节，就需要重新再来一次！

时间主题者

这些人脑海里充斥着各种各样的主题。当对假期进行规划时，他们可能会翻出以前的度假照片或者翻看一些小册子，而事实上他们并无意去这些地方游玩，因为他们陷入了各种假期计划中。

灵感和想法往往来自这种思维方式。当他们在犹豫选择哪个合适的主题时，左脑可能会突然出现一些答案。时间主题者也很擅长自发地将注意力从一件事情转移到其他事情上。

他们喜欢让事物自然发展，拒绝刻意地制定过程或遵循程序。他们更喜欢看事情会如何发展，并对此进行进一步探索，如果这不是你想要的模样，那么这会令你发狂的。

时间主题者的不足是在完成任务时会遇到些麻烦。他们可能不断地走神，思绪正停留在其他地方，做着或想着某件事情，而非现在所做的事情。

我们会认为他们的思维模糊，不够明确，尤其是将这种思维排序方式与大时间块结合在一起。他们也可以在传统的线性和程序性环境中学到一些知识，从而在体验式的学习环境中茁壮成长。

2. 根据你喜欢的方式调整你的计划安排

人类不是混乱无序的。这种错误判断是来源于对时间块大小不同划分形式的人，他们将自己的排序与他人进行比较而得出的结论。

无论时间块的大小和排序方式如何，你都可以高效率地工作。你是否能够有效地完成一件事取决于你所采用的技巧及工具。

我们将时间块大小与排序结合起来，给出以下几点重要提示：

将时间划分为几大块并对其排序的人

大时间块和排序

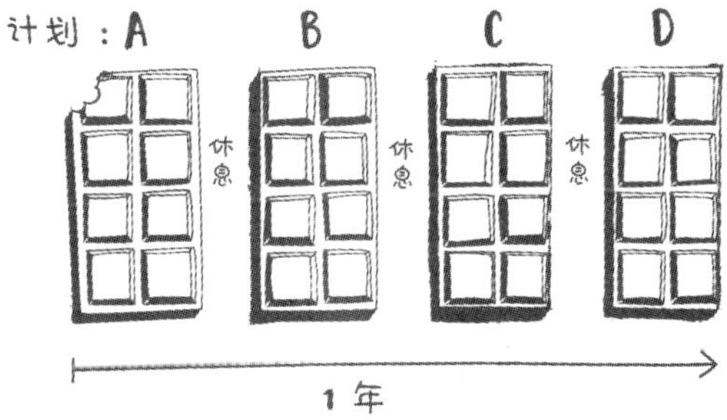

将重大事件按组划分排序。例如，按月或者按年列出你的重要成就或目标。

花时间来对此进行规划，以确保你的目标明确，且有目标期限。这会给你带来动力，使你更为专注。

按周来规划你的休息时间，而非按日。这样你可以集中精力工作很多天，然后彻底放松一两天。

将时间划分为几大块并有很多主题想法的人

按不同的主题来规划活动，而不是按照过程。例如，某一下午在做营销工作时，围绕这一主题，无论产生什么样的想法都去完成它。

只有在你需要的时候规划细节和步骤，而非一口气在这件事上花费过多时间。

你会很容易沉浸在某件事物中，所以当你感觉精疲力竭的时候，可以短暂地休息一下，比如去散步或游泳。这会让你重新精神饱满，整装待发，进入下一主题。

将时间划分为几小块并对其排序的人

把活动划分为几小块，这样你就可以看得更明确，并且清楚地知道自己要做什么。

只要活动有明确的目标，就可以按小时来安排你的一天。

按日来规划你的休息时间，或者你可能不需要休息。

此类型很适合制订任务清单，将任务按日来划分，享受每天在任务清单上做过的事情，以打钩的形式获得所带来的满足感。

小时间块和主题

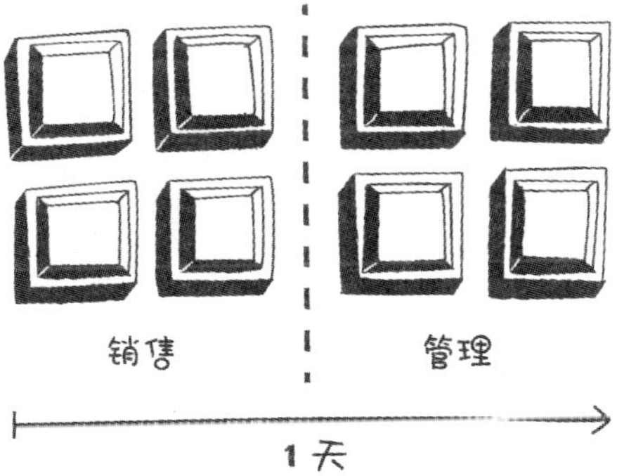

将时间划分成很多时间块，将它们用在主题上，而不是过程中。

想休息的时候就放松一下，这种类型更适合安排很多短暂的休息时间段。

使用思维导图等视觉辅助工具就你所选定的主题进行工作。

通过调整自己的组织和计划方式以适应你的喜好，这会提高你的工作效率，并且提高产出质量。制定属于你自己的时间块，并对生活中的重要人物进行分类，包括你的老板、朋友或者合作伙伴，以便用符合他们时间排序的方式与其进行沟通。这样，他们能够更好地了解你，并对你感到放心。因为这会让他们觉得你是能沟通的，是讲道理的。

杰基，迪恩和佐伊：一个关于时间划分的挑战

杰基按周来规划自己的生活并沉浸在其中。在做家务时，她经常会花费数小时的时间翻看清洁时发现的旧相册。她是一个将时间划分为几大块并且有很多主题想法的人。迪恩按小时来规划每一天，他认为自己是一个工作高手，能够迅速地完成家务活，从屋子的楼上一路打扫下来。他是一个典型的将时间划分为几小块并对其排序的人。他们互相嘲笑着对方的做事方法，直到他们有了一个孩子，一切发生了变化。

随着佐伊的到来，他们不同的思维方式带来了麻烦，因为睡眠不足引起了摩擦。当杰基照顾佐伊的时候，她会沉浸在这一刻，抱着佐伊陪她一起玩耍。她很喜欢这样，但却发现自己几乎做不了其他的事情。例如杰基刚开始准备食物时，佐伊却已经饿了，对此她感到力不从心。然而迪恩很快进入了状态，他尝试为杰基量身定做了一个喂食计划，但是因为她专注于陪孩子玩耍，所以将计划忘在一边。当迪恩接手时，他坚持喂食计划，严格按照日程安排，因为他认为这很重要。杰基却认为这样做不妥，对迪恩十分不满。她不喜欢他做事的方式，这样的方式过于死板教条，没有人情味。

然而，这一问题并不能说明父母其中的一方好于另一方，这只是每个人对时间划分的类型不一样。互相理解能够让他们和解。

他们不再将自己的想法强加在对方身上，一起讨论每周发生的事情，以及佐伊每小时的时间规划里仍需要些什么。杰基对迪恩的一些时间安排表示赞同，这让事情完成得更加顺利。而迪恩也会花时间和佐伊一起玩耍或给她讲故事，而不仅仅考虑孩子急需什么。

3．根据情况所需扩展你喜欢的时间划分方式

有一些重要的生活领域不适合采用对时间分块和排序处理的特殊方法。在这些领域，如果你的时间安排并不适合时，你需要运用其他方法来解决这一问题。我们来看两个例子。

示例1：财务规划

问题：

除了将时间划分为几大块并对其排序之外，所有

的时间规划类型都不适用于财务计划。

专注于主题的人十分容易超支，因为他们不考虑结果，发现时为时已晚。例如，在生活中，这些人很难做到想得长远，以至于没有给自己攒下一些退休金。

那些关注小时间块的人群往往具有一定局限性，看不到更远的未来，所以没有及早存下些积蓄或者投资。他们的支出和储蓄往往发生在发薪日到发薪日之间，或者他们只会为了下一个假期攒钱，却想不到更长远的。

解决方案：

- **明白这不是你能够解决的，去寻求一些专业的指导。当你意识到专业的财务规划给你生活带来的影响时，这份财务规划就显得不是那么昂贵了。**
- **制定恰当且有用的财务规划，之后忘掉它们。按一定百分比攒下你的薪水，每个月用固定的金额还清信用卡账单。采用直接借记的方式，然后忘掉它。养成习惯和遵守纪律，这会助你走向成功。**

示例2：健康和健身

问题：

对健康和健身有利的唯一时间安排是将时间划分为几小块并对其排序。健康的饮食和健身规划需要明确到每一个步骤，并对规划中存在的分歧留有余地。日常健康安排开始的意图是好的，但其他的时间规划方式有可能会破坏其最初的目的。所有将时间按大块划分的人都渴望获得巨大的成果，因此在坚定这样去做的前提下就不会做出任何改变。同样，他们也容易经历各种各样的大起大落，例如过度节食后伴随的是暴饮暴食。将时间按大块划分的人在病情变得异常糟糕前，常常容易忽略一些疾病的预兆，这可能会影响病情的恢复。有很多主题想法的人会从一时的潮流中获得激情，但很快就会感到厌倦，或者将注意力转移到另一个潮流中。

解决方案：

对于将时间按大块划分的人

- **将生活划分为多个小的阶段，设定较小的目标并坚持下去。**
- **慢慢地改变你的饮食习惯，一次只改正一个，直到它们成为你正常的生活节奏和习惯。**
- **一点点增加你的锻炼强度，并坚持下去。**
- **将时间按大块划分并排序的人可能在健身课上完成得很好，这是因为这符合他们对于顺序的偏好。但要注意，不能因为你觉得某一节课不重要而缺课。**

你可能会觉得这些改变对你来说是很小的影响，所以坚持下去的动力成为你所面临的主要问题。每当这个时候，你不会觉得自己做了很多努力，有时你甚至会思考："这么做有什么意义呢？因为这些改变并没有起到任何作用。"如果你产生这些想法时，请多关注它们，并坚持下去，因为你正在取得进展。

对于脑海中产生很多主题的人

- 可以考虑请私人教练，这符合你的做事风格，如果你能与他们建立并维持很好的关系，他们将会为你制订健身计划，你只需要按照他们所安排的计划完成即可！当然你也需要做出长远打算，因为如果这只是一个短期的事情，你可能不会长久地坚持下去。
- 找一份能够保持你身材的工作。任何户外活动或者那些跑腿的工作都有助于健康，这会使你不再担心这样的问题。
- 只给家里购买健康的食物，并且结合自己喜欢的选项。对于脑海中产生很多主题的人来说，他们喜欢做选择题。例如，如果鸡蛋或粥是同样健康的，而且你对它们的喜爱程度是一样的，那么确保它们都可以随时供你使用，这样你就不太可能偏离自己的日常生活。

建立一个项目团队

我们正在经营的一家创意零售企业想要建立一个能够将效率和质量融为一体的项目团队。通过将掌握正确技能的人员和时间顺序组合在一起，创建一个出色的项目团队。每个人都有他们自己的日常工作，这样他们不会把所有的时间都献给这个项目。

在项目开始的初期，他们选择了将时间按大块划分并排序的人来组建这个项目。这些人对范围和基本要素进行了深入的思考。一旦确定了高度，他们就引入将时间按小块划分并有很多主题想法的人来制定标准，之后再让将时间按小块划分并排序的人来筹划项目。在项目交付阶段，有多种时间划分的互助小组共同合作并对这一项目负责。这一组人呈现出了各种技能和多种时间安排方式，最后所有人聚集在一起完成了它。

人们不需要参与这个项目的每个阶段，只需在自己技能有用的地方施展才能，这样的混合团队能够用来挑战其他人的思维偏见。

总结

从这一章中你学到了什么?

- **不同的人有不同的划分时间方式，大小不同，时长也不同。**
- **每个不同的时间块都有各自的属性，也会带来一些问题。**
- **人们按顺序排列时间，或者按照主题排列时间。**
- **每种风格都有各自的属性，也会带来一些问题。**
- **清楚了解你的喜好可以帮助你调整自己的计划，并且安排适合你的生活方式。**
- **人生而不同，所以我们要正确理解差异，利用不同，而不是批判他们。**

现在你知道了时间分块的基础内容，你需要决定，在你的生活和职业生涯中，你想从哪里开始这个工作。

活动：思考以下问题，将答案写在你的笔记本上：

- **你倾向于哪种时间块划分方式？**
- **你的时间划分方式有哪些关键技能和益处。**
- **在你的生活和职业生涯中，这些偏好在哪里得到了最好的体现？**
- **有哪些令你感到沮丧的问题反复出现，而你现在意识到这是因为你对时间划分的喜好所带来的结果？**

个性化时间管理中划分时间的关键在于，按照你所相信的开始你的工作。

你或许想每天早上花些时间来更好地规划接下来的一天。你或许在一周开始前思考，接下来一周要做些什么，然后恰当分配时间，完成任务，而不是匆匆忙忙，随遇而安。此外，要注意不要对细节过分计较。

关注其他人是如何划分时间的，当下次开会时，听听别人是如何划分时间并排序的。这与你的方式有哪些不同？你对此做何反应？当你和你的伴侣或朋友交谈时，你注意到他们是如何划分时间的吗？

相信现在你已经知道，个性化时间管理的关键在于如何成功地划分你的时间，采取措施，不要太小，也不要太大，并将这些措施融入你的生活。

第七章 从节奏的角度，而不是从平衡的角度思考问题

“昨天已经过去，明天还没来临，我们只有今天，让我们开始吧。”

——特蕾莎修女

……………………

节奏就是有效利用时间来生活的能力，专注于每一件事情，给予它所需要的时间，当这件事情完成

时，继续开始投入下一件事情。

顶级的演员、舞者和运动员都有属于他们自己的节奏，他们看起来可以毫不费力地完成自己的工作。他们动作简洁，省时省力，尽可能有效地利用时间。不做无用功，不浪费时间。如果你观察各个阶层中最成功的人，你会发现，他们都有类似的节奏感：竭尽所能达成结果，没有任何的刺激或冲突，朝着一个共同的方向努力，从而实现目标。

个性化时间管理包括一种相同的节奏感和对动作经济性的追求。

与“节奏”这个词相比，“平衡”则显得效率不高。当你寻求平衡时，你希望在两者或多者之间进行任意的权衡，以期保持事物之间的平衡。

关于平衡有很多讨论：平衡竞争的优先事项，平衡各利益相关方的需求，工作与生活的平衡，等等。平衡以及渴望拥有平衡会带来对时间的争抢，往往会使你无能为力。你在对比事情、转移注意力、重新调整所做的事情上会花费很多的时间。

你无法平衡你的工作与生活，而不自知。工作是你生活的一部分，你要根据自己的生活节奏决定它应该占多少比例。

平衡

不要把生活视为一种权衡

可悲的是，很多人将生活视为不断的权衡，希望达到某种总体平衡。

许多人的脑海中总有这样一个画面，有一个人试图实现平衡，他可能试图拉紧绳子保持平衡、维持跷跷板的平衡，抑或沿着墙壁走路保持平衡。想象一下你的生活就是这样，先在一边加点分量，担心倾斜太多，于是又在另一边加点分量，之后又考虑另一边。这是一场耗时、充满压力、无休止的战斗，可以说简直是浪费时间。

生活作为一系列的权衡和补偿举措，充其量结果是中立的。为什么要解决这样的情况呢？

简单的变化就可以创造节奏

与生活中许多其他的事情一样，只需要进行小的调整，而不是彻底的改变，你就可以创造节奏。

投入工作前标出有哪几周是忙碌的，规划几天与家人一起的假期或短途旅行，将这些也作为规划的一部分。这不是用来作为平衡繁重工作的补偿，而是将它视为真正的活动，让它作为生活节奏的一部分融入你的生活。没有必要去证明哪个活动是正确的，或者对其中一方感到抱歉。

周末可能会下雨，所以你改变原先的计划，决定今晚回到家后清理院子的杂草。原先计划的事情可以推到周末，因为它不受天气的好坏影响。这样能够更好且更有效地利用你的时间。

你的生活节奏

我们所有人都在违背自然的内在节奏。人们的工作时间过长，远超过合理范围，承担的工作过多，不利于健康。压力和抑郁症发病率急剧上升。

虽然确实会遇到意外事件和情况，而且也确实需要对其进行处理，但整个生活圈还是具有精确性和可预测性——世界、自然和你。

每个人都是独一无二的，因此总有一种属于你的自然节奏。

有些人谈论“随大流”，你甚至可能时不时谈及它或者感受到它的存在。当你听到有人这样说或者当你感觉到它的时候，那就说明你处于最佳状态，这就是属于你自己节奏的一部分。当你跟随周围的人时会发现任务很容易完成，时间会静止也会消失，你失去了它的踪迹。记得这种感觉吗？当这种情况发生时感觉好吗？你取得了多少成就呢？当你“随大流”时压力大吗？

有节奏要比单纯的“随大流”好一些，因为它包含了你有意识和无意识的两种反应。你需要专注于工作，而不能上班迟到。你需要挑战和全力以赴，但同时也要正视你的极限。

找到你的节奏

1. 了解你的能量阈值

许多人面临的挑战是，他们不知道或忽视了自己的门槛，损害了他们的时间资源和健康资源。做重要的事情无精打采，事情就很难顺利进展。

你的门槛对你来说是唯一的。一项可以使他人精力充沛的活动可能会给你带来沉重的负担。

你的精力增强或消耗是：

- **有很多事情要做还是没有事情做？**

· 与陌生人在一起还是不在一起？

· 与可靠的亲密的人在一起还是不在一起？

· 精心组织还是随波逐流？

· 清清楚楚还是迷迷糊糊？

· 坐着不动还是四处走动？

· 平静安宁还是周围熙熙攘攘？

在任何家庭，人际关系或组织中，你需要认识到人各有不同，需求也各不相同。当你的伴侣或孩子喜欢有自己的空间，喜欢平静和安宁时，如果你想让他们有良好的发展，那就给他们想要的。一个开放的组织是为一些人工作，而不是为每个人工作的。因此，这并不代表一个人的能力或承诺，它只是激发能量或消耗能量。

一旦你知道了自己的门槛在哪里，你就可以基于这一点计划和安排生活，从而制定属于你生活的节奏。例如：

· 如果社交网络活动消耗了你的精力，你可能会决

定每月最多两次就足够了。这些活动可能对你的事业很重要，意味着你无法完全避开它们，所以你需要按照适合自己的方式来安排自己的行程。

- **如果你信任、亲密的人带给你力量，你会频繁地与他们见面吗？精疲力竭的时候，你可能会希望更频繁地与他们见面，这样可以给你带来足够的能量。**
- **如果坐在安静的环境中能帮助你恢复精力，那么你家里或者办公室有这样的地方能让自己不时地自我修复一下吗？或许你可以有计划地安排这样的间歇，比如每次休息一下。**

2. 为经营人际关系投入精力

健康的人际关系可以很轻松地经营，为你提供能量，使工作或生活结合在一起，产生快乐。不健康的人际关系会带来巨大的压力，只是不断地妥协，时间都浪费在事后议论和做游戏上。

你要为健康的人际关系付出努力，这就需要你愿意为此做出改变和妥协，即使在艰难的环境下也尽力经营。一旦投入精力，就很容易经营这段关系。

即使投入精力结束一段不健康的人际关系，这也可以看作是很好地利用了时间。这些人际关系需要投入大量时间和精力来维护且不求回报。这不是让你对待别人不友善或者拒绝他们。如果不经营一段人际关系，那么它就不会起作用。

工作中，你并不是总有机会选择与哪个人合作。但只要有可能，请谨慎选择你的老板和同事。

如果你很快发现自己永远不会跟这个即将成为你老板的人相处融洽，那么无论薪资多高，千万不要去做这项工作。工作中遇到的人际关系问题，是导致工作压力和心理健康问题的首要原因。

3. 将三种生命资源结合在一起

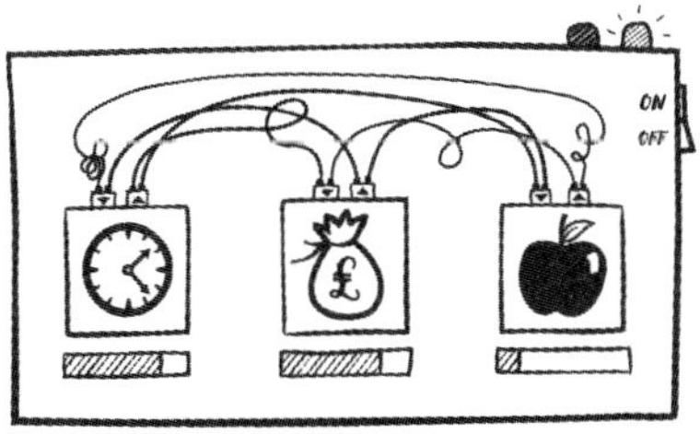

人生资源计量仪

将三种生命资源结合在一起，从而找出适合自己的生活节奏。例如：

现在花时间关注自己的健康可以为将来节省时间

花时间或金钱来找到值得信赖的生活顾问，从长远角度来看，这样可以节省你的时间、精力和金钱。这些人可能是朋友、财务顾问、会计师、健康专家、教练、私人健身教练。你不可能自己完成所有的事情，接受别人的建议也是个性化时间管理的一部分。

多花些精力仔细了解他们的背景，并检查他们的专业证书，以确保他们值得信任，并且与你在一个频道上。

花钱节省时间

如果你花时间去做不适合自己的事情，你是否可以花钱让其他人来做？有很多业务是专为忙碌的人而设计的，包括花钱雇人来帮你熨烫、清洁、收拾花园和管理日常事务。这可能远比你想象的要便宜，计算一下你所需的成本，然后决定是否花钱来给自己留出更多时间。如果你要搬家，你是否可以花钱雇人来帮你做这一切？如果你喜欢假期，但又没有仔细研究它们，那么就花钱找一个出色的旅行社吧！所有这些想法都可以为你节省出更多时间，并且通常也可以为你节省一些资金。

现在花时间可以为将来节省时间

对待这一问题一定要慎重，这对于我们来说很重要。一旦我们的健康、精力和心境低于一定的阈值，它们就很难恢复。

对于短期项目或一次性活动，你可以选择努力实现一些能够获得长期收益的事情。这可能需要你延长工作时间来完成一个项目，或工作到很晚回家和自己设计项目直到深夜，甚至在全职工作的同时学习考取新的资格证。

不可能一夜之间找到属于自己的节奏，“节奏”是一个不断改进和尝试的过程，记得回过头钻研和观察它们是如何影响到你的。

密切注意这些能量阈值，当快达到极限值时要及时发现。当你能够越来越熟练地掌握个性化时间管理时，你可能会发现你的能量阈值增加了。

从尽量应付繁杂的生活到找到属于自己的节奏

珍妮特觉得自己一直在应付繁杂的生活。她花了几个星期对自己的能量阈值进行计算，然后发现了两件重要的事情：喝杯咖啡带给她的能量竟然赶上了闺蜜带给她的能量，参加儿童们的游戏聚会和不认识的家长沟通使她的精力枯竭。她决定提高咖啡在她生活中的地位，并且不到万不得已的紧急情况下绝不参加活动（当事情看起来不那么重要时，她常常会取消它们），并且就游戏聚会这件事采取一定的行动。

她同孩子们进行了交谈，了解他们真正喜欢哪个游戏聚会，于是将这些列入优先考虑的选项，其次，努力去更好地了解那些家长。正因为如此，她觉得可以通过协商来规划或放弃一些安排。她放弃了一些不那么重要的游戏聚会，并且每次有新的邀请时都会与孩子们讨论，询问他们希望参加哪个聚会，并在脑海中给自己定下“每周两次”的规矩。

有时候聚会可能多一些，有时候会少一些，但总体上还是坚持这一标准的。即使这些改变看起来很小，但对珍妮特来说帮助特别大，这些改变大大改善了她的精神状态，每一周固定的节奏带给她前所未有的享受和感觉。

节奏

总结

从这一章中你学到了什么？

- **平衡难以实现，并且很难维持。**
- **节奏带动了你的生活。**
- **你的节奏对你来说是独一无二的。**
- **了解你的能量阈值对个性化时间管理来说至关重要。**
- **对重要的人际关系投入精力。**
- **可以使用三种生命资源来帮助你找到自己的节奏。**

活动

以下找到节奏的步骤可以给你带来帮助。

回顾你上周的情况，找出你觉得自己有节奏和生活在慢慢流动的时间：

- **那些通常不正确的事情是真的？**
- **通常不存在或没有发生过的事情是什么？**
- **从那些时间的流动中你学到了什么？**

在接下来的七天里，考虑以下你的能量阈值和：

- 注意哪些活动、人或事要么增加了你的能量。或者说似乎不会耗尽你的能量。
- 注意哪些活动、人或事耗尽了你的能量。
- 在7天结束时考虑清楚采取哪一步会有助于你保持能量阈值。

考虑你如何使用三种生命资源，即时间、健康和金钱：

- 列出日常生活中最耗时的三项活动。
- 哪些活动（或多项活动）可以通过花钱来帮助你更好地利用时间资源呢？
- 每周花在这项活动上的钱大概是多少？
- 观察一下自己所花费的时间资源，并将其与可以使用的金钱资源进行以下比较，你有什么感觉？
- 基于上述情况，如果有可能的话，你现在还可以做些什么呢？

从你想到或写下的内容里，决定你想要采取什么样的行动来开始自己的工作，从而找到属于自己的生活节奏。

下次你下班回家时，请回顾过去的一天，问问自己这一天中有多少次感受到了节奏。如果答案不是很多，那么现在可以开始做些什么改变呢？如果这一天过得很顺畅，那么你如何将这样的节奏复制到其他的生活环境中或者工作中呢？只要你想做什么，就立刻将它付诸行动。第二天早上，当你上班时，决定你要做出哪些改变，然后做到这些。

节奏是许多成功人士获得成就的关键，当你找到属于你自己的节奏时，它将会助你走向成功。

第八章 传达你的时间界限（第一部分）：行为

“生活就是一连串的无事忙。”

——简·奥斯汀

……………………

通过时间界限，你可以向自己和其他人展示你愿意以什么样的方式来度过时间。每个人都需要有属于自己的时间界限——它规定了你将要做什么和不会做什么。

时间界限将有助于你更好地做出决定。这样，你是受自己支配的，而不是受控于他人所需。这样可以节省很多时间，避免了将时间浪费在那些并不重要的事情上。同样其他人也会知道你的底线是什么，而不需要你东奔西跑试图使每个人都开心。

你需要与人沟通

每一天其他人都通过你的说话和做事方式，学会了应该以什么样的方式来对待你。

事实上，其他人通过你的思维掌握了大量交流信息，而你甚至都没有意识到这一点。

在你的生命当中是否存在这样一些人，你可以非常直接地与他们沟通，并且他们还能很好地回应你所说的内容？是否存在另一些人，你不敢直截了当地与他们沟通？你是否又认识这样一些人，你总是可以向他们寻求帮助而且确定一定会得到回应呢？是否还有另一些人，你从来不向他们寻求帮助呢？

你不大可能与一个制定出许多交流规则的人详尽沟通，你不会对他说“可以请你帮个忙吗”。他也不会非常热心地说“任何你需要帮助的时候都可以找我”。

人们运用婉转且明晰的言辞和行动传达自己对于时间的界限，并且他们的大脑也会立刻记住对方的行为。（下一章我们会着重谈论时间界限传递中使用的语言，本章我们主要针对行为进行讲解。）

你的沟通方式是什么样的呢？是你想象中的沟通方式吗？问题在于，你或许没有意识到自己的行为向别人传递了哪些信息，这可能会影响别人平时如何对待你。

你通过行为表现出自己的时间界限

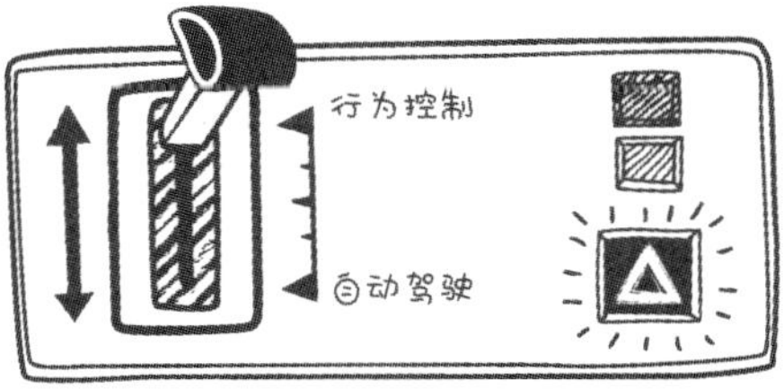

时间界限控制板

你最后一次同朋友在一起为维护世界正义各抒己见是什么时候？最后一次同他们一起讲闲话、聊天交换信息或是发牢骚又是什么时候呢？你多久经历一场一成不变的会议呢？这是太平常的事情了！

人们有充分的理由参与到以下这些活动中：

- **讨论世界政治可能会提高你的智力或推理能力，你也可能获取新的信息。**
- **交流新闻和八卦是一种与他人加强联系或展示你个人魅力的方式。**
- **发牢骚有助于使精神放松，因为它可以让你放下心中的担子，长舒一口气。或许你还有意想不到的收获，说不定有人能帮你解决目前的麻烦！**

当你这样做时，别人可以了解到你在关注什么，以及你对时间的安排。这样，当你未来某一刻说“我太忙了，没有时间……”时，他们就能够理解你了。

人们在传递自己对于时间的安排时往往扮演着许

多公共角色，每种角色都在向别人传递着各式各样的信息。人们可能真的相信他们确实很忙，但那些浪费时间的共有行为，往往会给他人带来截然不同、毫无帮助的信息。这就使得界限变得模糊不清，也可能会营造出一种不健康的文化氛围。人们受到影响接受这些行为，从而每个人都开始浪费时间。

分散他人注意力的人

混杂信息：认为自己参与其中，待人友善；而其他人却因为自己缺少关注而感到沮丧。

这种类型的人往往会因为自己的行为，影响了自己以及他人将注意力放在更重要的事情上。典型的例子有：会议中闲聊太多；在社交网络上分享视频；或者讲很多个人故事，而这些故事并不会给讨论带来任何帮助。这种类型的人往往有一个自己最喜欢的话题，无论在什么样的情况下，他们都会对此进行介绍，无论这些话题是否与当前讨论的事情相关。

牺牲自我的人

混杂信息：想要告诉别人自己一心一意、勤勤恳恳，而其他人却认为他们效率低下。

这种类型的人相信，如果其他人意识到他们正在付出的巨大努力，那么自己将会得到重视和赞赏。典型的例子有：将长时间工作作为一种固有模式；在深夜发送电子邮件；承担其他人的工作量之后又抱怨别人不给予自己支持，最后拒绝帮助。

“疯帽匠”

“疯帽匠”

混杂信息：希望参与许多事情，但由于自己的不当行为，导致做出的贡献受到他人的低估。

这种类型的人相信自己可以做得很好，然而实际却并不是这样，除此之外，他们习惯对太多事情说“是”。他们对事情优先顺序安排和时间顺序安排有矛盾，并带来麻烦，典型的例子有：总是迟到；为了参加下一个会议而提前离开这个会议；不断地更改约会安排或者在最后一刻取消。

“无头鸡”

混杂信息：相信只要主动积极就会有所成效；而其他人却认为他们没有条理、不能信赖。

这种类型的人容易受压力所困，他们认为只要一直坚持下去，一切都没有问题。典型的例子有：到处奔忙；毫无准备；忘记后续活动和跳过培训项目。

特立独行的人

混合信息：希望得到大家的重视；而其他人却贬低他们，并对他们不够尊重。

对于那些有着雄心壮志、渴望飞黄腾达的人来说这种现象很常见。典型的例子有：不断地告诉人们他们有多么忙碌；告诉所有人他们做了哪些事情；过度夸张地描述自己所做的事情；不与那些他们认为不重要的人进行沟通交流。

你的时间界限，你的选择

想要更有效地利用你的时间，就应该：

- **对你打算做某件事的想法或概念进行讨论。**
- **讨论或考虑你将实际做出的决定。**
- **计划、安排和决定优先处理哪项活动。**
- **重新审视完成的活动，目的在于对未来的活动产**

生一定的影响。

- 休息时安排一些活动，比如看你喜欢的电视节目、读一本好书、静坐、运动等。

你现在就可以做出一些改变了：

- 给重要的人或事全身心的关注。
- 减少与你不重视的、消耗你精力的或不重视你的人在一起的时间。
- 不要对暗自喜欢做的事情有所抱怨。
- 对你喜欢的事情给予高度热情。
- 当有人给你打电话时做出应答。
- 别人打电话时不要接电话。
- 工作时决定给出“请过来和我谈谈”和“别打扰我”的信号，你可以通过姿势和肢体语言来完成这一点。巧妙的做法是戴上耳机。很快，人们就知道什么时候你有空以及什么时候你没空。

如果你不确定你发出了信号、发出了什么信号，以及其他人是如何接收到你的信号的，就去询问一些值得信赖的同事或朋友，如果他们给予了你真正想要的反馈，那么他们通常思想很开明。人们常常惊讶于自己的面部表情和肢体语言所传递的信号，其实他们并没有打算这样做。然后，你可以尝试练习做些事情，通过这些行为传递你想让别人接收的信息。

谨防触犯界限的人

莉雅是一名很受大家欢迎的员工，但她会被那些不断分散她注意力的人打扰，把时间浪费在听他们的个人故事、抱怨或闲话上。她不喜欢粗鲁的打断，所以就继续听他们讲故事并对他们的处境表示同情。她发现自己经常工作到很晚，且她的家人也为她的善良付出了太多代价。

为了更好地表现她的时间界限，她决定主动与人打招呼，在午餐或者其他方便的时候问问他们怎么样，以便保持良好的人际关系。

当她不想与人聊天时，她会更有目的性地穿过办公室，诸如避免目光接触，并且如果有人在她的办公桌旁说话时，她就开始打电话，或者把东西归拢到一起，就像是要准备开会一样。她还推迟与人闲聊的时间，建议他们晚些时候或下班后再来，因为她知道，如果事情重要的话他们会再来一次的。

通过这些小小的变化，她发现一周之中好几个晚上都能按时完成工作，并且还能依然与同事保持联系。

总结

从这一章中，你学到了什么？

- **你通过个人行为来传达你的时间界限。**
- **其他人对这种行为做出回应。**
- **你需要意识到这些行为以及你可能扮演哪种角色。**
- **有了这种意识，你可以决定要改变什么。**

活动：以下是我们建议你在清楚展示时间界限和控制时间时首先要做的几点：

- **了解你正在传达的时间界限是什么。**
- **你最接近哪一个角色？**
- **从你发现的事情中学到了什么？**
- **有没有无用的模式需要你改进？**

在接下来的7天中，无论是在会议中，还是与他人交谈时，抑或是在家中，思考并确定你的时间界限是什么：

- **你想通过你的行为传达信息的情景是什么，最终得到的结果又是什么。**
- **你没有想过通过你的行为传达信息的情景是什么，以及最终得到的结果是什么。**

在7天结束时，根据你的发现，明确什么样的步骤能够帮助你在时间界限上与其他人建立明确的关系。

你可能会决定在下周的每个会议和活动中准时出席。

你可能会进行更多的活动，这些活动经过证实会提高时间资源利用率。

提高自己对时间界限认识的方法就是留心其他人的时间界限是什么。下一次开会时或和一些朋友出去吃晚饭时，要注意他们如何描述自己的时间以及他们的表现是什么。注意谁总是在开会或吃饭时迟到，谁总是告诉别人自己很忙碌，还有谁总是在不断地重新安排会议呢？

第九章 传达你的时间界限（第二部分）：语言

“语言是我们与时间谈判关系的手段。”

——罗梅什·古奈塞可拉

设定适当的时间界限时，使用的语言与展现的行为同等重要，其他人通过这些语言能够了解到你重视什么事物、什么人，以及他们是否可以掌控你和你的时间。

在我们的日常沟通中有一些重要的实例，简单的语言变化可以带来巨大的改变。

你需要关注的四件事情是：

（1）如何回应其他人占用你时间的请求。

（2）如何请求占用他人一些时间。

（3）在回应他人对你的请求或者请求占用他人一些时间时，请多加留意。

（4）你的时间语言。

1. 如何回应其他人占用你时间的请求

人们通常对这些请求有标准的回应。

- **你可能是一个对所有事情持同意态度的人，之后又担心自己该怎么做。**

- **你可能会采用模糊的方式回应，以便不会说出类似于“我会努力……”或者“我会尽力……”的话，从而带给你束缚。**
- **你可能是一个对所有事物的最初回应是“给我一分钟”或“我现在不能，因为……”或“我很忙”的人。**

这并不是说这些反应本身是错误的，只是说它们并不适合于每种请求。最好的能帮助你个性化时间管理的一个方法就是，在你对时间的要求做出回应时有所选择。

有三种标准回应：

回答“可以”

这一回答告诉其他人你随时有空，他们也会对你有所期望。

你的本意可能是愿意帮忙的，是包容的和友好的。

如果这是你的模式，你可能会发现其他人并不尊重你的时间，经常占用你太多的时间。如果你说“可以”，他们会继续提问，并且期待你回答“可以”。这可能会使你感觉自己只是为他人而活的，并且你不敢轻易改变自己的回答，因为害怕带来麻烦。

回答“不”或者“我很忙”

这种反应会将其他人从身边赶走。他们最终会停止询问你，即使你可能想做这件事情。

你的本意是很清楚的，避免吹毛求疵且可以控制自己的时间。

如果这是你的模式，随着时间的推移，你渐渐不会被邀请参加你本想要加入的活动。你关心的人可能会从你的生活中消失，因为你无意中告诉他们，对你来说他们不够重要。在你的职业生涯中，你可能会被视为无法接近的、死板教条的，甚至是效率低下的，太忙而无法承担更多责任的人。如果这就是你的本意，那再好不过了；如果并不是这样，它可能就会对你的人际关系和职业生涯产生一些意料之外的影响。

什么也不说

其他人请求占用你的时间时，实际上采取模棱两可的回应，间接告诉他们不要依靠你。

你的本意可能是灵活的，可以提供帮助而不受束缚，甚至可能连自己也并不确定。

如果这是你的模式，可能会导致在重要的人际关系中产生不信任的情况，因为人们不知道你的立场。在工作中，你可能不会获得很好的角色，你的老板可能会觉得，你不值得依赖或者不够积极主动。

要想掌握个性化时间管理，你需要以你对这些要求做出回应的方式进行选择。

清楚地说出来

当有人提出想要占用你的时间时，你可以根据自己的标准来仔细考虑每一个请求。比如，根据自己的实际情况，今天回答“可以”，明天回答“不可以”。

暂时放下常用的那些回应，仔细想清楚你是否真的想要完成其他人提出的请求。你可以通过以下方式来进行考虑：

步骤1

了解你自己产生的信号

当其他人要求或邀请你做某事时，回想一下工作或个人情况。

- 你是否意识到自己会自然而然地产生一些内在信号，这种感觉或想法使你对于那些不必花脑筋思考的事情，直接给出肯定回答呢？那么这些事情可能是你喜欢做的事情或是你认为重要的事情。
- 你是否意识到对于某些事情，你会产生“没门儿”这样的内在信号呢？这种感觉或想法暗示你，你的内心想法是宁愿砍下右臂，也不愿做这件事。那么这些可能是你不喜欢的事情，或者这些请求是你不喜欢的人提出的，抑或者这些请求让你有负担过重的感觉。
- 你是否意识到对于某些事情，你会产生“需要仔

细考虑一下”这样的内在信号呢？这种感觉或想法提醒你，这一请求可能难度很大，或者涉及更多的内容，并不能立即给出回答？那么这可能需要你花一些时间来仔细思考一下。

每个人都会产生这些信号，了解属于你自己的信号，并分辨出每种活动、请求和人对应哪种回应。

步骤2

考虑结果

考虑以下两个问题：

（1）答应或不答应这一请求会带来什么样的后果？

（2）这些后果我可以接受吗？

准确地考虑回答“可以”“不可以”或“什么都不说”所带来的后果很重要。

回答“不可以”，可能最终会为你带来一个很好的机会，也可能会对你的职业生涯产生影响。

回答“可以”，可能会给你带来没有预料到的复杂情况，或者无意之间被他人利用。

你一次只能做一件事，所以如果你答应做某件事情，那么你可能就要拒绝做其他事情。你还能做什么呢？这样做可以吗？回答“可以”通常需要进行更多的思考，这是每个人的权利。

步骤3

决定你的回应

思考你如何才能给出清晰、坚定、有礼貌的回应。

恰当的回应应做到：

（1）承认并尊重他人的请求。

（2）给他们一个明确的回答。

（3）明确下一步做些什么。

回答“可以”的几种方式

“这听起来很棒/很有趣/很重要，我很乐意/很高兴去做。你具体需要我做些什么呢？”

“谢谢你想到我，我很乐意参与其中，请给我讲讲更多相关的细节，以便我能够了解自己需要做些什么。”

“谢谢你能邀请我，这听起来很不错，我同意。地点在哪里呢？还有时间呢？”

回答“不可以”的几种方式

“我知道这项工作十分重要，但我还有其他类似的事情需要优先考虑完成，这样的话，近几周我可能无法完成它。十分抱歉。”

“感谢你想着我，但目前我工作很多，所以不得不拒绝你的好意。希望你在这个项目中取得好的成绩。”

“谢谢你能邀请我，但这确实不适合我，最好不要把我算在其中。希望你们过得愉快。”

为自己争取时间的几种方式

“这听起来很诱人，我内心其实很想参加，但理智告诉我，我需要花几天时间来慎重考虑一下。如果我要参与，一定要确保是全身心地投入其中，我会在星期五之前答复您。”

“我明白这是一项非常重要的工作。我想在做出承诺之前先慎重思考一下。我需要最晚什么时候回复你呢？

“我很想参加。让我核实一下有没有时间，过几天我会回复你。你能再给我详细介绍一下吗？”

2．如何请求占用他人的一些时间

请求占用他人的一些时间时你要明白，无论在什么情况下他们都有权拒绝。因为害怕遭到拒绝，很多人不敢提出自己的请求，他们非常担心听到“不”这个字。在健康的人际关系中，人们有自由说出“不”。当有人说“不”时，并不意味着他们不喜欢你或看不起你，他们仅仅只是对于这件事情本身表示“不可以”。

你可以通过适当的询问来减少别人的拒绝，或者答应后又不付诸行动的机会。

当处于以下情况时，你可以适当地询问他人的时间安排：

（1）提出请求时，你对他们表达了充分的尊重。

（2）你以一种连接他们的方式提出请求。

（3）你具体告知对方你想要他做的事。

请求占用他人一些时间的几种方式

· “当我看到这个项目时就想起了你，我知道你十分擅长把握工作中的细节。你愿意支持我完成这个项目吗？”
· “下周我有一个很重要的会议，会开到很晚。你能照看我的孩子到晚上9点吗？那天是正常上学的日子，他们真的需要安静的环境，以及你平日为他们制定的日常学习安排。”
· “帮帮我，我现在对这项工作毫无头绪！你思考问题更全面，我请你喝杯咖啡，你能帮我理清思路吗？”

当人们寻求他人帮助时，往往会花费很多时间来解释自己需要他们帮助的原因，而不是将事情与所求之人联系起来。其他人几乎不会对你的工作感兴趣，所以寻求帮助时一定要尊重他们，并思考他们会从中得到什么。

这可能是一个机会：

- **让他们发挥自己特有的技能。**
- **获得更多的认可或奖励。**
- **为家庭做出贡献。**
- **提高或保持他们的能力。**
- **影响他们可能无法做到的事情。**
- **产生影响。**
- **结交新朋友或建立联系。**
- **帮助一位亲密的朋友。**
- **使他们全神贯注于某事。**

不是每个人都会对这些事情感兴趣，所以当请求占用他人一些时间时，想一想他们到底喜欢什么，而不是问什么会激励你。

对这个人表示尊重并不意味着卑躬屈膝。注意给出的所有例子中，并不需要对请求表示抱歉。如果你从道歉开始，那你基本上就是在提出要求之前，就看轻了这件事、自己和对方。你需要做的是通过赞赏他们，对他们所掌握的技能以示尊重，而不是为占用他们的时间而道歉。

3. 在回应他人对你的请求或者请求占用他人一些时间时，请多加留意

- 要弄清楚你的要求或你的回应，避免使用“或许”“可能”“也许”“大概”这样的字眼，这样会显得你的观点很模糊。
- 真实一点。如果你不想参与其中的话，不要说“我很乐意”这样的话。即使你认为可以蒙混过去，人们也会注意到不一致的沟通。
- 不要把责任归咎于别人，比如，将不能答应请求的原因归咎于你的伴侣、老板或孩子。如果你的

观点不明确、不坚定，对方可能会认为有可争辩或协商的余地，最终发生争论或者是你过分证明自己。这样它也可能使观点变得缺乏说服力。

· 不要过度解释自己，他们并不需要这些解释，你也不需要向别人证明你的决定。如果对方想得到更多信息，他们可以向你询问的。

· 在提出或处理请求时，谨慎使用“但是”这个词。“但是”这个词说出时，实际上否定了所说内容的第一部分。所以，当你说“这听起来很不错，但是”时，你基本上表达的是这听起来并不太好，对方可能会很自然地产生这样的想法。建议使用“并且”而非“但是”，或者在“这听起来很不错”这句话结尾画上一个句号，这之后再进一步解释为什么你不能接受这一请求。

· 在提出或处理请求时，谨慎使用“试试”这个词。“试试”这个词没有任何意义，如果你使用它，你可能传递出并没有这种打算的意思。“试试”是一个用来做借口的词，大多数人经常会使用这个字眼，所以要谨慎使用它。如果请求占用

他人一些时间时，对方回答他们会“试试”，那么你需要问清楚什么情况会打断他们，或他们需要什么来完成这件事。这会帮助你更清楚他们回答的到底是“可以”还是“不可以”。

4．你的时间语言

如果你记录下你的日常对话，你一定会很震惊自己竟然使用过如此多与时间相关的语言。即使使用“第一”“接下来”和“现在”这样的词，这些是时间相关的，因为它们表明了先后顺序。

通常，一个人回答“今天过得怎么样”的方式，便清楚地表明他们如何来沟通彼此的时间界限。

- **如果对方对这一问题的回答是“乱作一团”或“忙碌不堪”，那么你会产生什么样的联想、想法或感觉呢？关于他们交谈时间界限和利用时间资源的情况，这些联想、想法或感觉令你想到些什么？**
- **相反，如果他们说“事情太多了，我完成了我想要完成的事情”，你又会产生什么样的联想、想法或感觉呢？关于他们交谈时间界限和利用时间资源的情况，这些联想、想法或感觉令你想到些什么？**

你通常如何回答“今天过得怎么样？”这一问题呢？

你的时间语言有两个重要的功能：

（1）它与其他人之间建立了明确的时间界限，并告诉他们如何来对待你。

（2）它会影响你对待自己时间的想法和感受，你使用的词语会在你的脑海中营造出一些画面，在你的脑海中留下声音，并且产生感觉。问题是，这些给你带来帮助了吗？

回想一下，你常用哪些词语来描述你的一天以及你是如何分配时间的。

问问自己，这是你希望人们了解你的方式吗？

教学团队时间界限

马特领导了一个庞大的建筑师团队，他们主要将时间花在彼此之间的沟通上。马特发现，他们几乎总是对客户说“可以”，对开发人员含糊其词，并且不断地对同事说“不可以”。

这造成了很多返工的情况，并且使得人际关系紧张。有一天，马特与他的建筑师团队一同给客户、开发人员和同事建立了一些大致的工作界限、规则，并商定工作方向是什么，以便每个人都清楚地知道他们可以说什么，每个人都可能得到支持，并且可以将自己的方案执行下去。这些规则很明确，但也只是大概的规则，允许有例外，但在做出决定通过之前，需要团队进行进一步的讨论。

他们试验了一个月，然后再重新召集大家开会，解决出现的所有问题。现在，整个团队工作变得更有效率，更富有成效，也获得更多收益。

总结

从这一章中你学到了什么？

- **你通过语言告诉别人你的界限。**
- **其他人对此做出回应。**
- **过于固定或过于灵活的界限可能会带来意想不到的问题。**
- **当有人提出想要占用你的时间时，这是一个请求。**
- **你可以回答“可以”“不可以”，或者“不一定”。**
- **当你想要占用别人一些时间时，要想清楚你想让他们做些什么。**

活动：

了解你的语言。

你常用来描述时间的语言有哪些？当有人请求占用你一些时间时，你是否总是回答“可以”“不可以”，或者“不一定”。

在接下来的7天内确定：

- **不尊重你的时间界限或提出的要求超出你意愿的人是谁。**
- **你觉得你很清楚的情况以及你得到的结果。**
- **你觉得你不清楚的情况以及结果。**

对你的语言进行哪些简单的更改会帮助你与他人建立清晰的关系？

你可能想要停止那些浪费你时间，并且对你想要实现的目标起不到任何帮助的事情，这可能需要你练习回答“不”。

你可能想要完成更多你已经确定下来的活动，以此来提高时间资源的利用率。这可能包括，明确地要求某人帮助你完成某件事，或者较现在而言，对更多的请求回答“是”。

你的时间就是属于你自己的，能否让每个人都清楚，这取决于你自己。

III

与时间的一种新型关系

第十章 个性化时间管理的步骤

“注重行动——想想现在要开始进行的事情，你可以将这个大计划分为几步走，并且立即迈出第一步。”

——英迪拉·甘地

……………………

无论是商业、体育还是生活中的成功人士，与其他人相比有一个主要区别，那就是他们不仅掌握很多知识，还能利用这些知识来帮助他们取得成功。

运用你从本书中学到的方法和技能，可以使你在生活中的所有重要领域做到最好，而不是为了完成工作而工作，或者浪费时间在不能改变结果的事情上。

划分成多个小步骤

从某处开始，从细小之处开始。做出改变很困难的原因在于，你变化得太多、太快。

持久的变化不会在一夜之间发生。如果你最近尝试过节食减肥法，那么你就会很容易明白这点。节食减肥短时间内可能会减掉一些体重，但除非你为自己设计健康的生活规划，否则你很快就会回到以前的体重。你可能会进行一次养心之旅，回来的时候感觉到自己情绪稳定和身心放松，然而过了两天，你又要开始管理孩子，为了下次会议忙碌到很晚。

成功和幸福的人们通过循序渐进的改变来实现自己追求的目标，从而培养健康的生活习惯。

个性化时间管理也不例外，这是一种健康的生活习惯。

通过结合多个小步骤制定严格的过程，这可以让你和你周围的人熟悉并适应你所做的改变。

这个过程见证了你的进步，也能让你保持热情，继续前进。

你不仅可以做到这点，还会发现这远比你想象的更容易实现。

掌握个性化时间管理的方法

关键是要开始行动，有两种方法可供选择。你选择哪一种取决于你从哪里开始、你最紧迫的时间问题是什么，或者你的主要目标是什么。

方法一：整合法

如果你倾向于行动之后及时吸取经验的话，这种方法能给你带来一些帮助，挑选适合你的优先事项可以帮助你快速取得进展。如果你常常感到无聊，或者忙于应酬很多事情，这也是一个很好的方法。

你可以把计划分解成若干个小任务和目标，这样你就不会感到不知所措。

步骤1

从简单的成功开始

能够让你相信自己正在取得进步的最好方法就是，获得一些你可以轻松实现的快速成就，这将会带来积极的影响。从第四章中选取一到两个时间拖延的例子，并对此展开研究。你可以：

- **致力于停止这些悬而未决的事情。**
- **让正在做的事情产生明确的结果。**
- **挑战针对时间的一些无用看法。**

培养有用的习惯是采取这一方法的重要组成部分，每次只能进行一项或两项任务，并在继续进行下一步之前吸收掌握经验。

步骤2

使用个性化时间管理的四个关键点之一并且熟练掌握它

选择一个你觉得在最开始较容易解决的问题，然后下一次再选择一个看起来最难解决的问题。这个顺序很重要。

想要获得成功，你首先需要知道成功是什么样子的，会带来什么样的感觉，会听到什么样的评价。因此，最开始要选择一个你非常有信心会获得成功的任务。

步骤3

整合生命资源

- 你在每个步骤中做出的改变，对你的健康或财务状况产生了怎样的积极影响？
- 有没有没预料到的负面结果影响了你的健康或财务状况？如果是这样，考虑如何调整这些改变，使它们更好地适用于更广泛的生活环境。

这个过程可能不那么活跃，但也是必不可少的。每周坐下来静静思考一下，或者在笔记本上记下你所取得的进展。如果你正在与一位好友一起阅读一本书，那么每月相约聚在一起喝杯咖啡，互相交流以督促双方坚持阅读下去。

步骤4

查看反馈并选取下一个简单的成功

反思从步骤1到步骤3获得的结果。

- 你对自己关于时间的风格和态度有哪些了解？
- 你会对你的步骤做出哪些改变？
- 根据之前的结果，接下来你会选择完成哪项可以轻松获得成功的任务？

一旦你从反馈中学到一些经验，再返回步骤1。

方法二：楼梯法

如果你喜欢系统地工作，那么这个方法对你很有效，因为你可以循序渐进地参与到每个环节中。如果你将这套方法融入企业培训计划，那么想要大多数人获得成功，最好的方法就是安排专人指导，保证每个人不脱离正轨。

步骤1

确定需要解决的问题

阅读本书第一部分，并在每一节记录下你的想法和学到的知识。第一部分的重点在于让你了解这些概念，所以在这一阶段不要采取任何行动。笔记可以包括：

- **你过于关注哪些生命资源（第二章）。**
- **你忽略了哪些生命资源（第二章）。**
- **生活中随时随地或在某些特定的工作环境下或家**

庭生活中关于时间的传言（第四章）。

· 你有哪些时间拖延行为（第四章）。

看看笔记中的常见的主题有哪些，最好与你信任的人讨论，并搜集他们关于这些主题的观点。当你学习个性化时间管理的第四点时，找到你关注的两到三个主题。

步骤2

掌握个性化时间管理的四个关键

依次学习四个关键中，它们在书中的排序方式并不重要，这样排序只是因为这个顺序适合大多数人的学习风格。学习第一部分的每一章时，找出你关注的主题，并使用它们来决定要完成哪些工作。给每一章留下三到四个活动，然后进行练习。当顺利做完这一章的活动后，再进行下一章。有些人喜欢在学习每个关键之间稍微休息一下，以便有时间对活动进行整合，得出一个自己满意的标准。

步骤3

规划未来

回顾你学到的内容和获得的成功，并制订一个接下来六个月持续改进的计划。

和朋友在一起会更好

无论你选择哪种方法，尤其当你不是在做一个项目或接受培训时，与别人一起合作完成工作真的是很有效的方式。可以是一个朋友或一群朋友，也可以是读书俱乐部的伙伴，甚至是工作中的一群同事。

当你独自一人工作时，很容易误入歧途或者迷失方向。这就像参加马拉松训练或准备一场大型考试一样，如果你和其他人一起行动，事情就会变得更加容易，更有成效，更有趣。

定期安排见面，检查彼此的进度，制定目标并采取行动，以及提供支持性的建议。

选择你的路线，并开始大步向前

想要获得成功需要让自己不那么保守（否则你只

会一直重复做已经做过的事情），但也不要太过于开放，那会使你感到不知所措，或者超出你的承受范围。

无论选择哪条路线，对于上述我们给出的项目、一对一培训或方法，最重要的就是开始行动。不仅失败是成功之母，成功也是成功之母，当你看到你的行动带来了积极影响时，自信心也会随之提高。

第十一章 与生活的新关系

"到头来，你活了多少岁不算什么，重要的是，你是如何度过这些岁月的。"

——亚伯拉罕·林肯

……………………

一段令人满意和充实的生活实际上是什么样子的呢？

除非你生活中一些最紧迫的问题得到解决，否则你是无法思考这一问题的。如果目前对你来说这仍是一个未知的答案，不要担心，一旦你解决了眼前的问题，不管是时间、金钱、健康，还是与人际关系相关，你都会有时间去思考这些问题的。

- **当与时间相关的紧迫问题得到解决或弄清楚其来龙去脉时，你就会找到突破口。**
- **你会感觉不那么复杂，并朝其他方向努力。**
- **你能更好地掌控日常活动。**
- **你将有更多选择如何度过时间的机会。**

· 你能有时间去思考诸如“我现在想做些什么与我生活息息相关的事情呢？”之类的问题，并相信你有时间去这样做。

营造令人满意且充实的生活

这有六个基本要点：

（1）不要太具体。

（2）不要不切实际。

（3）进行尝试。

（4）创建一个愿景板。

（5）做出长远思考和计划，现在就采取行动。

（6）判断想要获得成功所必需的要素。

步骤1

不要太具体

人们通常认为，他们正在寻找一件为了实现生活目标而必须去做的事情。这太具体了，你可能会因为错过了机会，或者发现现在开始为时已晚而感到沮丧。这是因为你试图锁定一件事，而这并不是你想的大方向。

如果你总体上知道自己想要什么，你会发现有很多方法可以实现这一点。

关键在于开始采取行动。运动产生能量，而能量可以使你感觉到自己在向前迈进。动起来较静止相比，你更容易对前进的方向进行微调。

步骤2

不要不切实际

人们经常放弃他们的希望和梦想，因为他们无法做到完美。

你可能认为你的使命是要去非洲支教，但实际上，对家庭的义务或与其他优先事项发生冲突会导致你可能无法实现这一理想。

但这并不意味着你无法为这一理想贡献一份力量。

达成妥协，你将会明确生活的方向，并且得到你想要的生活。

找到可以与你讨论梦想的人，然而在那里，梦想可能会变得很糟糕。当人们把他们的希望和梦想都锁在心里时，他们会变得伤感失落和愤愤不平。

如果你可以将它们说出来并与大家进行讨论，那么这些想法和集体的创意可能会使你感到惊讶。

充实的生活

莎拉是一位有才华的运动员和摄影师，但如果她只从事这些工作，仅仅够自己维持生计。相比放弃自己的工作，她做出了一定的退让。将一年工作的时间减少到6个月，用剩下6个月的时间去做自己喜欢的事情。这样，她可以享受并将自己的所有精力投入在运动和摄影中，因为她知道财务方面已有所保障。

步骤3

进行尝试

你不能只靠想象来创造美好的生活，你必须要真正去做一些事情。有些人最终止步于梦想世界的门口，这是因为他们只是在不停地思考和想象，但从来没有将这些付诸行动。

这有点像在电视上观看足球比赛，幻想自己是世界级的前锋。然而，除非你从沙发上起来，否则你永远不会有机会！

我们的身体旨在“实践”事物。只有尝试过后你才能体会到自己究竟喜欢做什么，又有哪些事物不适合你。正如军队中常说的那样，“花在机架上的时间永远不算浪费”，同样，人们经历短暂实习、休假（同时之后你还可以继续回去工作）或花时间来学一门技能也是生活中必要的部分。

步骤4

创建一个愿景板

根据所有你喜欢的、可能喜欢的和你认为你喜欢的事物创建一个愿景板，这是帮助你更好地理解你与生活之间新关系的极佳方法。这将有助于整理你的想法，同时找到其他机会。你可以通过以下方式实现这一点：

· **收集大量杂志。**

· **浏览有趣的图片或带给你启发的文字。**

· **将它们剪下来，整理并粘贴在一张纸或卡片上。**

· **回想你的那些愿景，产生了哪些想法？**

如果你非常有艺术天赋，你可以绘制一个3D模型，然而对于大多数人来说，纸张和胶水已经足够了。

步骤5

做出长远思考和计划，现在就采取行动

你一定听说过这样一个故事，兔子跑得很快，像疯了似的到处跑来跑去，然而乌龟慢慢地、不慌不忙地移动，最终却赢得了比赛。

乌龟在整个过程中，一直保持移动，慢慢地、不慌不忙地朝着它心中的方向前进。时而会出现捷径，但在行动之前要慎重考虑，因为这可能会带来不好的结果。

只要你明确了生活的大体方向，即使这个想法起初很模糊，你也需要开始采取措施。

你不需要将整个过程筹划出来，重要的是在你前进之前仔细想清楚，接下来要朝哪里走，而不是每一步都要规划出来。这是因为：

- **如果你清楚自己的总体方向，那么就不会被不相干和分心的事情打扰。**

- **你需要时刻有一个计划，指引你前面的两三步该如何走，但是也要灵活一些，在需要时做出相应调整。例如，一个男人计划去国外生活，紧接着他的妻子怀孕了。这时他们就需要停下来，思考和讨论一下，现在做这件事是否是合适的时机。他们可能还是需要根据新的情况来调整一下时间安排。**
- **那些严格遵循自己明确目标的人，往往可能会错过“丰富”这条路，并错失使其变得更好的机会。**

步骤6

判断想要获得成功所必需的要素

无论如何，这将使你过上令人满意和充实的生活，想想你需要什么，这将会使你在未来获得成功。你需要：

- **省钱以为你未来的创业积攒一些现金储备？**

- **学习一些新技能或者考取一个资格证？**
- **融入一些新的圈子并结识一些志趣相投的人？**
- **深入了解某个地方或世界的某个角落？**
- **尝试将人生目标清单上那些“或许”变为现实？**
- **开始以某个行业的专家身份闯出一些知名度？**

无论你想做什么，请从现在行动起来。

第十二章 对你而言

“你必须承担个人责任。你无法改变环境、季节的变化，或者是狂风的发作。但你可以改变自己，自己完全可以掌控自己的状态。”

——吉米·约翰

……………………

你现在要做什么？想想你在书中学到了什么东

西？你能把它作为以后生活的出发点吗？

我们希望你能够过上满意、充实的生活，并且很乐意为你提供帮助。这本书就是一个起点，你可以从此出发，过自己想要的生活。

在本书每一章里，你都可以找到自己想要了解的信息以及对你有所帮助的建议。虽然并不是所有的内容都和你现在所处的人生阶段相关，但是其中不乏某些东西会对你的当下生活起到不可估量的作用。现在，请反思一下你和书中的哪些内容产生了共鸣、读到哪里的时候你会心想“这不正是我自己吗？”或者是“我在这方面应该再接再厉”甚至是“我到底为什么会那么做？”不管你内心会出现什么样的想法，这些想法都将会是你做出改变的起点。

学会掌控自己的时间，变得与众不同，从而在人群中脱颖而出。要从一定的时间和生命里创造更大的价值，学会制订合理的计划，投入时间并付出努力，巧妙地利用时间资源来获取你所渴望的成功和它所带来的喜悦。

回顾本书目录，并回答以下问题：

- **当你阅读每一章时，主要有哪些思想和概念能够吸引你的注意力，并与你有所关联？**
- **你现在可以把时间看作是你可以控制的资源吗？**
- **从现在开始，你可以在哪些事情上节省更多的时间？**
- **掌握时间的四个关键点中，哪一个会对你如今的生活状态以及对待时间的观念产生积极影响？**
- **当你阅读本书的过程当中，是否会说“我很同意此观点，但是……”，如果答案是肯定的，思考一下到底为什么会这样？**
- **你是否有志同道合的朋友来一起把本书中的内容付诸实践？**

感谢您使用宝贵的时间资源来阅读本书，希望您能很好地控制自己的时间。

“我们必须明智地使用时间，并永远认识到做对的事情，时机总是成熟的。”

——纳尔逊·曼德拉

致谢

感谢插画家卡瑞 · 凯特（Carys Tait），她从一开始就能够明白我们想要的是什么，从而为这本书创作了精美的插图。还要感谢编辑罗伯特 · 沃森（Robert Watson），他非常耐心，富有智慧，总能给出好的建议，有着澳大利亚人惯有的率直性格，这一切都让这本书变得更好。

一本好的书不仅仅是作者的功劳。还要归功于那些在我们职业生涯中，并且在未来的日子里一直陪伴我们左右的所有人，他们总是与我们沟通，给予我们指导和持久的合作。还要感谢我们的同事、学术培训师、朋友、家人、学生以及客户对我们的影响和支持。你们曾经是，未来也会一直是我们的老师。

约翰&凯伦